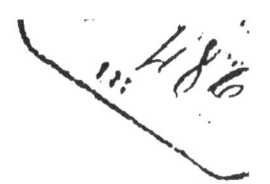

LES MAYEUX

(1830-1850)

ESSAI

ICONOGRAPHIQUE ET BIBLIOGRAPHIQUE

PAR

FÉLIX MEUNIÉ

PARIS

LIBRAIRIE HENRI LECLERC

219, RUE SAINT-HONORÉ

et 16, rue d'Alger

1915

LES MAYEUX

ESSAI ICONOGRAPHIQUE ET BIBLIOGRAPHIQUE

(1830-1850)

L'histoire de l'estampe satirique offre de multiples attraits. Pour peu qu'on puisse lire au travers d'allusions que le temps a souvent voilées, on n'éprouve pas moins de gaîté au spectacle de ses malices, qu'à celui des malices des humoristes nos contemporains ; mais cette gaîté se double, pour celui qui est curieux des mœurs de nos pères, de la découverte de documents précieux sur leur vie sociale ou privée ; et, pour celui qui s'intéresse plus spécialement à l'histoire des arts, de la rencontre d'œuvres souvent pleines de caractère.

Malheureusement, soumise aux caprices de l'actualité, considérée lors de sa production beaucoup plus pour ses qualités d'esprit que pour ses qualités artistiques, tôt démodée, tôt aussi jetée au panier avec le tas des journaux qu'on ne relit pas, l'estampe satirique est parmi celles qu'on retrouve le plus difficilement lorsque, après quelques générations, on s'avise de lui reconnaître des charmes sur lesquels elle ne fondait plus d'espoir.

Or, rien n'est plus propre que cette rareté à piquer

s'écraser devant les dernières productions de Granville,
Daumier, Traviès, Gavarni, Raffet et de tant d'autres ;
elles les attirent, les unes par la vivacité de leur colo-
ris gommé, si net, si soigné, ou leur tirage lithographique d'un beau noir, dont les tirages mécaniques sur les
papiers de chandelle de nos journaux humoristiques
font regretter l'abandon. La plupart des Mayeux enfin
ont encore un attrait : ils ont paru par séries, et numé-
rotés ; il s'en trouve en noir et en couleurs, avant et
après la lettre, avant et après le numérotage, ou même
avec des numérotages différents : autant de motifs de
surprises, autant d'appâts pour la curiosité du cher-
cheur.

A celui-ci, M. Félix Meunié offre un fil conducteur
en publiant la liste, non seulement de celles de ces images qu'il a pu acquérir lui-même, mais de celles qu'il a
rencontrées à la Bibliothèque nationale ou dans les col-
lections qui lui ont été ouvertes. Cette liste comporte
d'abord les *portraits* proprement dits, puis les *séries*
(en indiquant, toutes les fois qu'il y a lieu, les dates
de parution d'après le Journal de la Librairie), enfin
les images *isolées*, dans leur ordre chronologique, autant que faire se peut. Grâce à ce répertoire, les chercheurs pourront facilement identifier les pièces qui leur
viendront en mains. S'ils en trouvent une qui ne soit
pas citée, ils seront par cela même renseignés sur sa
rareté. M. Meunié, qui publie le premier travail qu'on
ait encore consacré aux Mayeux, n'a pas la prétention
en effet d'en fournir le répertoire définitif. Toutefois il
semble qu'il ne sera guère facile de produire après lui
des pièces nouvelles et l'on jugera du scrupule qui
anime son travail, en parcourant à la suite de la liste
des estampes et lithographies, celle des pièces de théâtre, des fantaisies littéraires, des chansons et jusqu'aux

objets de curiosité dont les auteurs se sont inspirés du même type de Mayeux. En un mot dans cet essai iconographique et bibliographique tout est rassemblé de ce qui peut préciser les origines et le développement du personnage grotesque, dont la satire de nos pères a si bruyamment fait son porte-parole.

Paul Cornu.

PREMIÈRE PARTIE

MAYEUX EN IMAGES

I. — PORTRAITS.

1. — **Isabey.** — 11.

Lith. sans légende, in-8° de C. Motte et signée I. I. avec encadrement ; de la série des douze caricatures de l'*Album Comique*
par Isabey père.

Il a été fait des reproductions de cette lith. sans indication
d'éditeur et d'un format un peu diminué.

En Angleterre il en a été fait une reproduction qui porte la
légende et l'adresse de l'éditeur suivantes : *Bent on Love, or Love's last Shift*. — *11*. — London. Published by H. March, 1819,
at 48, Strand.

Nous n'introduisons ici cette lith. que pour obéir à la légende
qui veut y voir l'origine des Mayeux. Rien n'est plus fantaisiste
et à ce compte toutes les caricatures de bossus seraient des Mayeux.
Or il suffira de comparer la caricature d'Isabey avec les deux suivantes pour saisir immédiatement les caractères qui distinguent
Mayeux des Bossus dont la caricature a constamment fait usage.

2. — **11 février 1829.** — *Enfoncé Racine !!..* (Le
pendant paraîtra le 11 février 1830).

**T. *à Paris, Hautecœur Martinet, rue du Coq S¹ ho-
noré. Lith. de V. Ratier.*

— Cette litho. (Color. Coll. Meunié ; en noir, Est. Tf. 40)
représente une ronde de littérateurs, auteurs dramatiques, criti-
ques, etc. autour d'un piédestal sur lequel est posé le buste de
Racine. Ce sont autant de caricatures, dont nous n'avons pas
cherché à identifier les sujets, mais ceux-ci se retrouveraient aisé-
ment sans doute parmi les défenseurs de la nouvelle école d'art
dramatique, ainsi que le donne à penser cet extrait du compte-
rendu paru, dans le *Figaro* du 11 février 1829, de la pièce d'Al

Dumas donnée pour la première fois, la veille au Théâtre Français : « *Henri III* était attendu avec une égale impatience par les partisans des nouvelles doctrines dramatiques aussi bien que par ses ennemis ; c'était pour les deux camps une grande bataille à perdre ou à gagner... Disons-le bien haut, la victoire est restée tout entière aux idées jeunes et nouvelles... »

Parmi les personnages qui témoignent ainsi de leur joie en dansant irrévérencieusement autour du buste de Racine, figure un bossu dont tous les caractères se retrouvent dans les portraits de Mayeux, dessinés dans la suite par Traviès. Ce n'est peut-être pas à proprement parler un Mayeux encore ; c'en est en tout cas une première idée et nous devions signaler cette litho. en toute première ligne à cause de sa date.

3. — M^r R^{···} dit Mahieu. — *D'après un portrait de Pagnest* fait en 1810 (*Sans signature*).

Lith. de Delaporte. Petite lith. en noir du format in-32 ; coll. Malherbe et Meunié. — Cette pièce a été produite en 1831 pour accompagner une des nombreuses et imaginaires Vies de Mayeux qui parurent alors (voir plus loin, n° 377). La signature de Pagnest — qui comme on le sait est un peintre de portraits de beaucoup de talent, mort jeune en 1819 — est donc supposée à dessein au même titre que tous les états-civils fantaisistes attribués alors à Mayeux.

4. — Mr Mayeux.

Dessiné d'après nature par Hip^{te} Robillard. *Lith. de Delaunois. Chez Aubert, Ed^r du Journal La Caricature (au Magasin de Caricatures, Galerie Véro-dodat).*

1831, 26 février. — En noir, Bibl. nat., Est., Tf. 52 ; color. coll. Meunié.

5. — Mayeux, N° 42. — *Charles, Louis, Philippe, Henry Dieu-donné,* Mayeux, *né à Paris le 7 Fructidor an 2, décoré du lys et de la croix de Juillet, membre du caveau moderne et de plusieurs autres Académies savantes.*

C. J. Traviès. *Lith. de Benard, rue de l'Abbaye, N° 4.*

On s'abonne chez Aubert, Galerie Véro-dodat. 1831, 24 septembre.

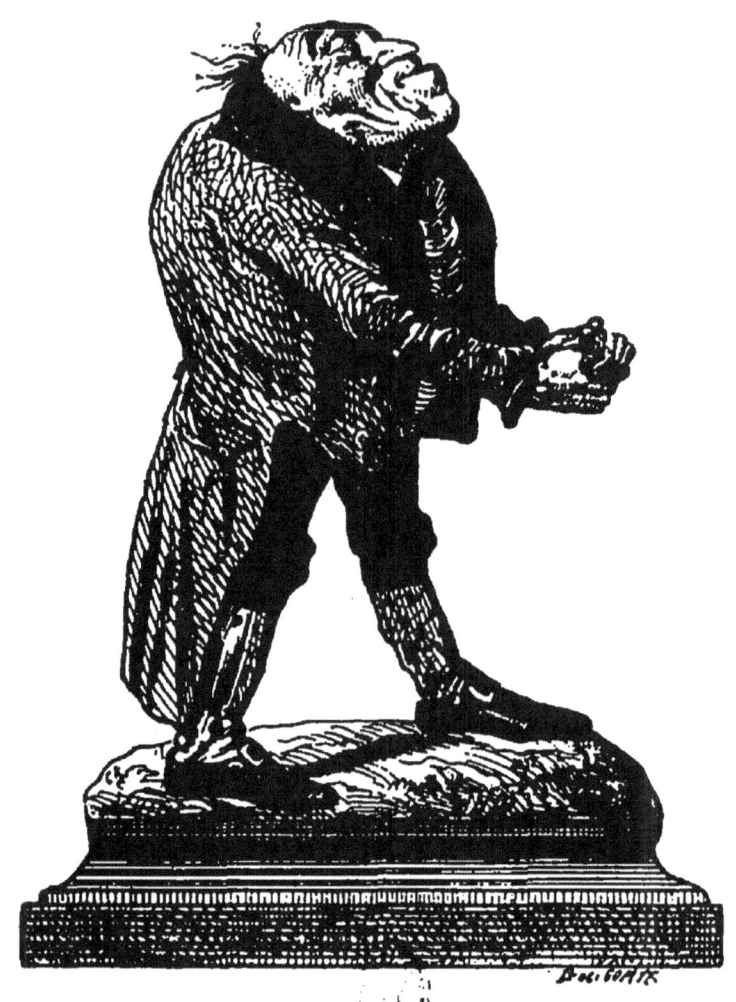

Projet de statue à élever, à Monsieur Mayeux.
Dessin de Traviès.

Nº 6.

Cette litho. a encore paru dans le « *Spécimen N° 28* », lancé par *Le Charivari* de Ch. Philipon, annonçant la publication du 1er numéro de ce journal pour le 15 novembre 1832. Sous cette forme, cette lith., coloriée, ne porte ni titre ni N° d'ordre. Coll. Meunié.

6. — *Projet de statue à élever à Monsieur Mayeux.*
Dessin de Traviès. Proc. : Comte.

Petite lith. parue dans l'*Histoire de la Caricature Moderne* par Champfleury (p. 207). Elle a été reproduite, ainsi que d'autres litho., dans le catalogue de la vente Champfleury, en janvier 1891.

7. — N° 9. — **M' Mahieux à l'Opéra.** — *Je donnerais dix mille francs !...*
C. J. T. *Lith. de V° Ratier. — Paris, chez l'éditeur, quai de la Mégisserie. 82 ; et Hautcœur (sic) Martinet, rue du Coq St Honoré.*

Annoncé dans le Journal de la Librairie du 6 février 1830.
Il en a paru une autre litho., coloriée avec signature, mais sans numéro, sans légende et sans indication d'éditeur. Les deux, coll. Meunié.

II. — LITHOGRAPHIES EN SÉRIES.

1. — « Histoire Complette (*sic*) de M. Mayeux »
chez Delaunois.

(Septembre 1830-novembre 1831.)

8. — *M'aimeras tu long-tems? Toujours?....*
Imp. de Ratier, à Paris... A Paris chez Hautecœur-Martinet.

Cette litho. est, ainsi que la précédente, annoncée dans le *Jour-*

nal de la Librairie, du 6 février 1830. Elle ne nous est pas par-
venue. Toutes deux seraient le point de départ de toutes les litho.
de Traviès sur le même sujet.

9. — Histoire Complette (*sic*) de Mr **Mayeux**, Dessinée par divers Artistes, et coloriée avec soin.

*A Paris, chez l'Editeur, rue du Coq, N° 4, et Haute-
cœur-Martinet, même rue.*

Titre en lettres gravées, accompagné d'une petite lith. de Mendouze ; tiré sur papier jaune servant de couverture pour cette
série.
Annoncé dans le J^al de la Librairie du 23 avril 1831. — Coll.
Meunié.

10. — N° 1. — **M. Mahieu à la Revue.** — *La voilà
donc cette belle garde nationale dont je suis susceptible
de marcher avec.*

C. J. Traviès. *Lith. de V. Ratier. Paris, chez l'Editeur, rue du Coq, n° 4 ; et Hautcœur (sic) Martinet,
même rue.*

1830, 11 septembre. — Coloriée, avec encadrement, sans numéro. — Coll. Meunié.
En noir, avec l'encadrement et le N° 1, au-dessus du cadre à
droite ; même coll.

11. — N° 2. — Mr **Mahieu.** — *D'aplomb.....! et solide au poste tonnerre de D...!*

C. J. Traviès. *Lith. de V. Ratier. Paris, chez l'Editeur, rue du Coq, N° 4 ; et Hautcœur (sic) Martinet,
même rue.*

1830, 11 septembre. — En noir, avec N^o, Bibl. Nat., Est. Tf.
53 ; — en noir, sans numéro, Coll. Meunié.

12. — Mr **Mayeux aux Tuileries.** — *Eh! pas mal!
comme vous voyez.....*

C. J. T. *Lith. de Ve Ratier.*

1830, 27 novembre. — Color. Coll. Meunié. — Aux Est. en

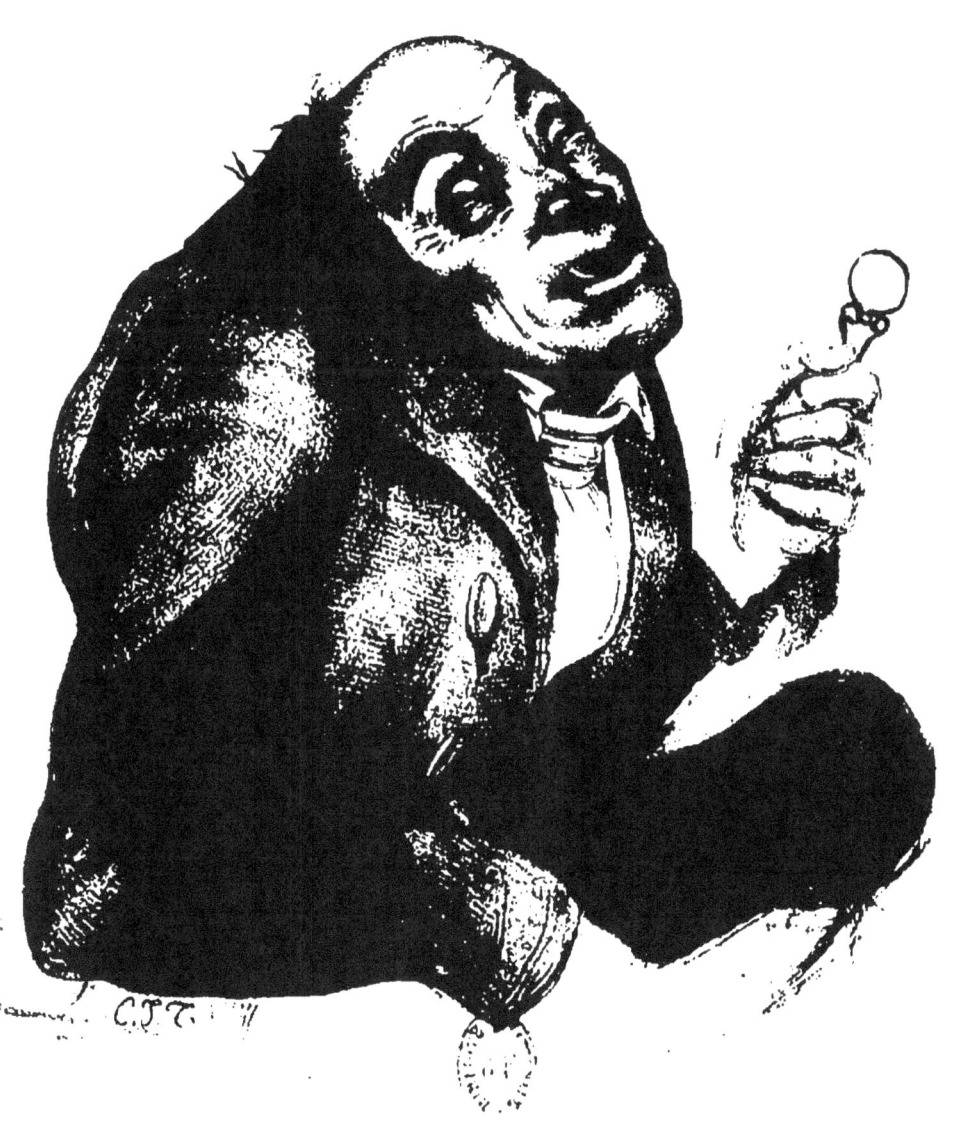

noir Tf. 52, avec, en outre, les indications : A Paris, chez l'Editeur, rue du Coq, N° 4, et Hautecœur-Martinet, même rue. Nous supposons que cette litho., à cause de sa date, a eu dans la série le N° 3.

13. — N° 4. — *Dis donc farceuse !..... tu d'meures bien haut...*

C. J. Traviès. *Lith. de V. Ratier. Paris, chez l'Editeur, r. du Coq, N° 4 : et Hautecœur (sic) Martinet, même rue.*

1830, 25 septembre. — N° à droite. Color. Coll. Meunié et Est. Tf. 53. — Une autre litho. semblable a paru sans N° ; En noir, même collection.

14. — N° 5. — *Nom de D... il faut convenir que la maîtresse est une fameuse gaillarde.*

C. J. Traviès. *Paris, chez l'Editeur, r. du Coq, N° 4 : et Hautecœur (sic) Martinet, même rue.*

N° à droite. Color. Coll. Meunié. — La même lith. existe, en noir, sans N°, avec l'indication : *Lith. de Ratier.* — Même collection.

15. — *Lachez moi, Madame Mahieux, j'suis d'la mobile, nom de D...!*

C. J. T. *Lith. de Delaunois Suer de Ratier et Ducarme.*

1830, 25 décembre ; Color. Coll. Meunié. Cette litho. avec les mêmes légende, signature et Editeur a été reproduite, *en noir*, par *La Silhouette*, *Album*. Autre litho. semblable pour la légende et la signature, mais portant comme adresse d'éditeur : à Paris chez l'Editeur, rue du Coq, N° 4 ; et Hautecœur Martinet, même rue.
En noir, Est. Tf. 53 ; même Collection. — Même observation que pour le n° 12.

16. — **Monsʳ Mayeux revenant d'un banquet patrio-**

tique. — *Madame Mayeur! quand j'ai bu!... j'suis ter-*
rible!...

C. J. T. *Lith. de Delaunois. Paris, chez l'Editeur, r.*
du Coq, N° 4; et Hautcœur (sic; Martinet, même rue.

1831, 22 janvier. — En noir, Est. Tf. 53 et Color. — Coll.
Meunié. — Même observation que pour le N° 12.

17. — N° 8. — **M**r **Mahieux. La terreur des M**des **de**
Modes. — *Le grand gaillard est encore plus alerte que*
moi nom de D...

P. Z. (Etc.).

1831, 22 janvier. — En noir, Est. Tf. 53, sans N° ; — Color.
Coll. Meunié avec N° à droite.

18. — N° 9. — *Ils appellent ça un poste d'honneur!...*
je crois qu'ils se f..... de moi..... tonnerre de D...!

C. J. T. *Lith. de Delaunois Suc*r *de Ratier et Du-*
*carme. Paris, chez l'Editeur, r. du Coq, N*n *4; chez*
Hautecœur Martinet, même rue.

1831, 22 janvier. — En noir, Est. Tf. 53, sans N° ; — Color.
Coll. Meunié, avec N° à droite.

19. — N° 10. — *Pas possible!... je suis de service...*
en revenant je ne dis pas...

C. J. Traviès. *Lith. de Delaunois, Suc*r *de Ratier et*
*Ducarme. A Paris, chez l'Editeur, rue du Coq, N*n *4;*
et Hautecœur Martinet, même rue.

1831, 22 janvier. — En noir, Est. Tf. 53, sans N°. — Color.
Coll. Meunié, avec N° à droite.

20. — N° 11. — **M**r **Mahieu à l'Opéra.** — *Dieu de*
Dieu!... c'est elle!... femme adorable!... enfin je te re-
trouve!!...

C. J. T. (etc.).

1831, 22 janvier. — En noir, Est. Tf. 53, sans N°. — Color
Coll. Meunié avec N° à droite.

21. — N° 12. — *Faites-moi ressemblant..... ces farceurs me font toujours en Caricature..... çà me vexe
nom de D...!...*

C. J. T. (etc.).

1831, 22 janvier. — En noir, Est. Tf. 53, sans N°. — Color.
et en noir. Coll. Meunié, avec N° à droite.

22. — N° 13. — *Heureusement que la tête ne porte
pas, sans quoi j'étais f...!*

(Sans signature). (Etc.).

1831, 26 février. — En noir, Est. Tf. 53, sans N°. — Color.
Coll. Meunié avec N° à droite.

23. — N° 1[4]. — *Adieu farceuse : sois tranquille je
reviendrai!...*

C. J. TRAVIÈS. (Etc.).

1831, 26 février. — En noir, Est. Tf. 53 sans N°. — Color.
Coll. Meunié, avec le N° à droite, second chiffre gratté.

24. — N° 15. — *Ne faites pas attention, je suis brû-
lant!... j'ai besoin d'eau, séduisante modiste!...*

C. J. T. *Lith. de Delaunois, Suc^r de Ratier et Ducarme. Paris, chez l'Editeur, r. du Coq, N° 4 ; et Hautcœur (sic) Martinet, même rue.*

1831, 26 février. — En noir, N° à gauche, Est. Tf. 53. —
Color. Coll. Meunié avec N° à droite.
En noir, avant toute lettre, seulement signée C. J. T., coll.
Meunié.

25. — N° 16. — *Avec un Garde du Corps!... Vengeance!... Nom de D...*

C. J. TRAVIÈS. (Etc.).

1831, 28 février. — N° à gauche, en noir, Est. Tf. 53. —
Color. Coll. Meunié avec N° à droite.

26. — N° 17. — *Qué qu'ça te fait ma bonne, nous sommes seuls...*

C. J. T. Lith. de Delaunois, Sr de Ratier et Ducarme. *Paris, chez l'Editeur, rue du Coq, N° 4 ; et Hautecœur Martinet, même rue.*

1831, 26 février. — N° à gauche, en noir, Est. Tf. 53. — Color. Coll. Meunié, avec N° à droite.

27. — N° 18. — *Du Serpent à la tartare !... Des cotelettes de Tigre tonnerre de D...!*

C. J. T. (Etc.).

1831, 26 février. — N° à gauche, en noir, Est. Tf. 53. — Color. Coll. Meunié, avec N° à droite.

28. — N° 19. — *Un père de famille avec quatre enfans (sic)!... Je suis un profond scélérat !...*

C. J. T. (Etc.).

1831, 26 février. — N° à gauche, en noir, Est. Tf. 53. — Color. Coll. Meunié, avec N° à droite.

29. — N° 20. — *Après trois jours d'une conduite immorale Mr Mayeux rentre dans sa famille.*

C. J. T. Lith. de Delaunois. *Paris, chez l'Editeur, rue du Coq, N° 4 ; et Hautecœur (sic) Martinet, même rue.*

1831, 26 février. — N° à gauche, en noir, Est. Tf. 53. — En noir, Coll. Meunié, avec N° à droite.

30. — N° 21. — *J'vous dis qu'tout l'monde s'en mêle nom de D... !... on prostitue le chapeau du grand homme.*

LECLERC d'après GRANDVILLE. *Lith. de Delaunois. Paris, chez l'Editeur, rue du Coq, N° 4 ; et Hautecœur Martinet, même rue.*

1831, 26 février. — N° à gauche, en noir, Est. Tf. 53. — Color. Coll. Meunié, avec N° à droite.

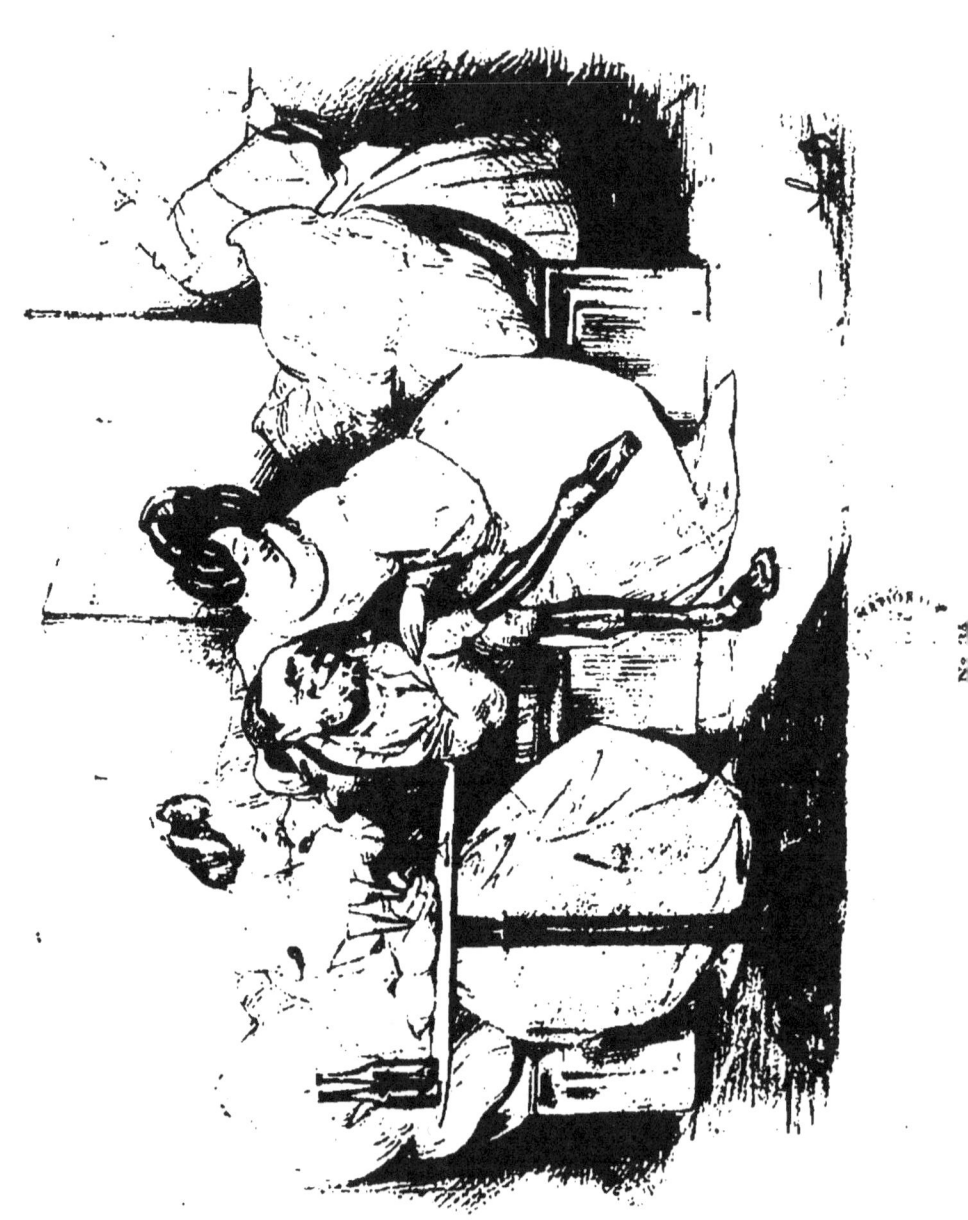

31. — N° **22.** — Mr **Mahieu Troubadour.** — *Né pour l'amour Je le serai fidèle, Allons ma belle &^a.*

C. J. Travièɛ. *Lith. de Delaunois, Sr de Ratier et Ducarme. Paris, chez l'Editeur, r. du Coq, N° 4 ; et Hautecœur Martinet, même rue.*

1831, 26 février. — N° à droite, en noir, Est. Tf. 53. — Color. Coll. Meunié.

32. — N° **23.** — *Laissez moi donc tranquille, si vous m'embêtez encore Madame Mahieu, je ferai lit à part.*

C. J. Travièɛ. *Lith. de Delaunois. Paris, chez l'Editeur, rue du Coq, N° 4 ; et Hautecœur Martinet, même rue.*

1831, 26 février. — N° à gauche, en noir, Est. Tf. 53. — Color. Coll. Meunié, avec N° à droite.

33. — N° **24.** — *Le Temps fera triompher le parti Mayeux!...*

P. Z. Fecit. *Lith. de Delaunois. A Paris, chez l'Editeur, rue du Coq, N° 4 : Hautecœur Martinet, même rue.*

1831, 26 février. — N° à gauche, en noir, Est. Tf. 53. — Color. Coll. Meunié, avec N° à droite.

34. — N° **25.** — *Ah ! Séductrice tu frottes la bosse à Mayeux.*

(Sans signature). *Lith. de Delaunois. Paris, chez l'Editeur, rue du Coq, N° 4 ; et Hautecœur Martinet, même rue.*

1831, 26 février. — N° à gauche, en noir, Est. Tf. 53. — Color. Coll. Meunié, N° à droite. Il a paru une autre litho en noir, sans N°, sans légende, sans indication d'éditeur, ni de lithographe, et signée des initiales H. D. (Daumier). — (Cette litho. est dessinée en sens inverse de la précédente, et elle diffère un peu dans le dessin). Même Collection.

35. — N° 26. — *Appelle moi encore scélérat !... si fait... si fait... ça me fait plaisir...*

C. J. T. *Lith. de Delaunois. Paris, chez l'Editeur, rue du Coq, N° 4 ; et Hautcœur (sic) Martinet, même rue.*

1831, 26 février. — N° à gauche, en noir, Est. Tf. 53. — Color. Coll. Meunié, avec N° à droite.

36. — N° 27. — **M' Mayeux faisant faire l'exercice à sa petite famille.** — *De l'ensemble !..... c'est ça morbleu... marchez !...*

(Sans signature). *Lith. de Delaunois* (etc.).

N° à droite, en noir, Est. Tf. 53. — Color. Coll. Meunié.

37. — N° 28. — *Ne nous fâchons pas !... moi aussi je suis S' Simonnien..... je suis pour la communauté des femmes.....*

C. J. T. *Lith. de Delaunois. Paris, chez l'Editeur, rue du Coq, N° 4 ; et Hautecœur Martinet, même rue.*

1831, 26 mars. — N° à gauche, en noir, Est. Tf. 53. — Color. Coll. Meunié, avec le N° à droite.

38. — N° 29. — *Oui, charmante blonde ! je suis le passionné Mayeux, et décidé à faire ton bonheur !...*

C. J. T. *Lith. de Delaunois* (etc.).

1831, 26 mars. — N° à gauche, en noir, Est. Tf. 53. — Color. sans Numéro. Coll. Malherbe.

39. — N° 30. — *Ah ! Dieu de Dieu ! je vois la lune !...*

C. J. T. *Lith. de Delaunois* (etc.).

1831, 26 mars. — N° à droite, Color. Coll. Meunié.

40. — N° 31. — *Tu négliges tes études !... tu ne veux donc pas suivre les traces de ton père.*

P. Z. Lith. de Delaunois. Paris, chez l'Editeur, rue du Coq, N° 4 ; et Hautcœur (sic) Martinet, même rue.

1831, 26 mars. — N° à gauche, en noir, Est. Tf. 53. — Color. Coll. Meunié, avec le N° à droite.

41. — **Mayeux Séducteur.** — *Ah! petite friponne?... je te tiens... te voilà prise !...*

(Sans signature). Lith. de Delaunois. Paris, chez l'Editeur, rue du Coq, N° 4 ; et Hautcœur Martinet, même rue.

1831, 26 mars. — Sans N°, en noir, Est. Tf. 53. — Color. Coll. Malherbe.

42. — N° 33. — *Tonnerre de D...! je ferais joliment des folies si j'avais cette femme là !.....*

C. J. T. Lith. de Delaunois (etc.).

1831, 26 mars. — N° à gauche, en noir, Est. Tf. 53. — Color. avec le N° à droite. Coll. Meunié.

43. — N° 34. — *Ah! scélérat !... c'est donc ici que tu passes la vie...*

C. J. T. Lith. de Delaunois. A Paris, chez l'Editeur, rue du Coq, N° 4 ; et Hautcœur (sic) Martinet, même rue.

1831, 26 mars. — N° à droite, Color. Coll. Meunié.

44. — N° 35. — *Tonnerre de D... comme je lui ressemble !...*

(Sans signature). Lith. de Delaunois (etc.).

1831, 26 mars. — N° à gauche, en noir, Est. Tf. 53. — Color. Coll. Meunié, avec le N° à droite.

45. — N° 36. — *Passe moi vite l'omelette !*

Sans signature). Lith. de Delaunois. A Paris, chez

l'Editeur, rue du Coq, N° 4 ; et Hautecœur Martinet, même rue.

1831, 26 mars. — Color. N° à droite, Coll. Meunié.
Il existe une autre litho, avec la même légende, mais sans Numéro et signée : P. Z. ; elle ne porte aucune indication d'éditeur. — Coll. Malherbe.

46. — N° **37.** — *Pauline, pressez donc ma saucisse !...*

C. J. T. *Lith. de Delaunois* (etc.).

1831, 26 mars. — Color. et en noir, numéro à droite, Coll. Meunié.

47. — N° **38.** — *Nom de D... si vous n'allez pas plus vite que ça ! J'arriverai après la parade.*

(Sans signature). Lith. de Delaunois. A Paris, chez l'Editeur, rue du Coq, N° 4 ; et Hautcœur (sic) Martinet, même rue.

1831, 26 mars. — N° à gauche ; en noir, Est. Tf. 53. — Color. N° à droite, Coll. Meunié.

48. — N° **39.** — *Tonnerre de D...! voilà des gens de ma connaissance qui arrivent!! Ils vont me trouver dans une f...u position.....*

(Sans signature). Lith. de Delaunois. Paris, chez l'Editeur, rue du Coq, N° 4 ; et Hautecœur Martinet, même rue.

1831, 26 mars. — N° à gauche, en noir, Est. Tf. 53. — Color. N° à droite, Coll. Meunié.

49. — N° **40.** *Mme de St Léon, donnez moi donc quelque chose de soigné.*

(Sans signature). Lith. de Delaunois (etc.).

1831, 3o avril. — N° à gauche, en noir, Est. Tf. 53. — Color. N° à droite, Coll. Meunié.

Pl. 42.

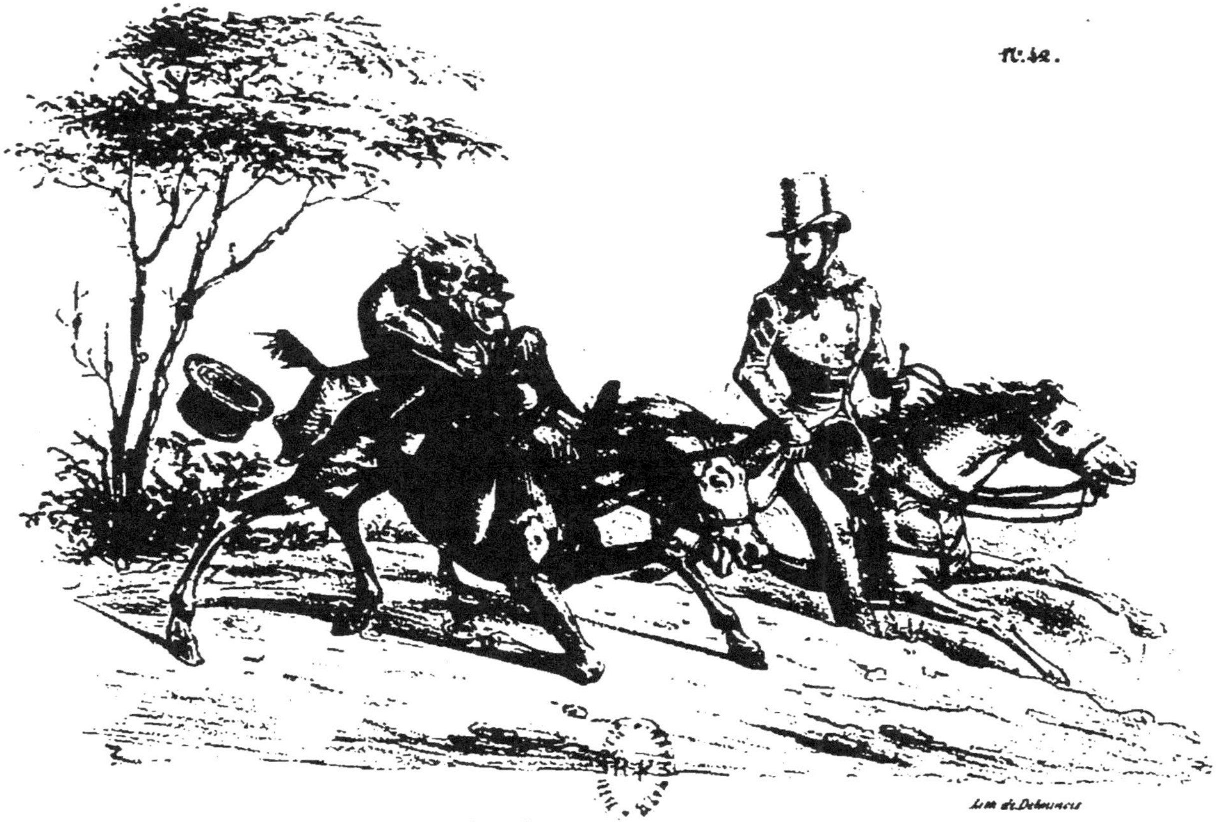

Mr. Mayeux à Longchamps

Lith. de Delaunois

Paris chez l'Editeur rue du Coq. N°. 6.

et Monbruo–Martinet même rue.

50. — N" **41.** — *Ah! Comtesse si vous avez le cœur aussi dur que les fesses, Mayeux est un homme perdu nom de D...!*

(Sans signature). Lith. de Delaunois (etc.).

1831, 30 avril, — N° à gauche, en noir, Est. Tf. 53. — Color. N° à droite, Coll. Meunié.

51. — N° **42.** — **M' Mayeux à Longchamps.**
(Sans signature). Lith. de Delaunois (etc.).

1831, 30 avril. — N° à gauche, en noir, Est. Tf. 53. — Et Coll. Meunié avec le N° à droite. -- Sans N°, Coll. Malherbe.

52. — N° **43.** — *Ce n'est pas l'artillerie que l'on redoute, c'est le parti Mayeux que l'on craint...*

(Sans signature). Lith. de Delaunois. Paris, chez l'Editeur, rue du Coq. N° 4 ; et Hautcœur (sic) Martinel, même rue.

1831, 30 avril. — N° à gauche, en noir, Est. Tf. 53. — En noir et color. avec N° à droite, Coll. Meunié.

53. — N° **44.** — **M' Mayeux politique.** — *Tout va de travers aujourd'hui!!... Nom de D... je suis à la mode?*

MICHEL DELAPORTE. *Lith. de Delaunois. Chez Aubert, Editeur du Journal La Caricature (au grand Magasin de Caricatures, Galerie Véro dodat).*

1831, 26 mars. — Color. N° à droite. Coll. Meunié. — L'exemplaire en noir, des Est. Tf. 52, n'est pas numéroté.

54. — N° **45.** — *Foi de Mayeux j'adore les grosses!...*
(Sans signature). Lith. de Delaunois. Paris, chez l'Editeur, rue du Coq, N° 4 ; et Hautecœur Martinel, même rue.

1831, 30 avril. — N° à gauche, en noir, Est. Tf. 53. — Color. N° à droite, Coll. Meunié.

55. — N° 46. — *Je crois que ces malins la se f..... de moi et me tirent en caricature nom de D...!*

(Sans signature). Lith. de Delaunois (etc.).

1831, 30 avril. — N° à gauche, en noir, Est. Tf. 41 et 53. — Color. et en noir, N° à droite. Coll. Meunié.

56. — N° 47. — *On en veut donc toujours aux patriotes, ces j... f..... d'avocats sont bien coupables, tonnerre de D...!...*

(Sans signature). Lith. de Delaunois. A Paris, chez l'Éditeur, rue du Coq, N° 4; et Hautcœur (sic) Martinet, même rue.

1831, 30 avril. — N° à gauche, en noir, Est. Tf. 53. — Color. N° à droite, Coll. Meunié.

57. — N° 48. — *Il est minuit passé farceuse, tu veux donc débaucher Mayeux, tonnerre de D...!...*

(Sans signature). Lith. de Delaunois (etc.).

1831, 30 avril. — N° à gauche, en noir, Est. Tf. 53. — Col. N° à droite, Coll. Meunié.

58. — N° 49. — *Je ne l'ai f..... pas volée, j'ai usé plus de six paires de souliers à faire des patrouilles!*

(Sans signature). Lith. de Delaunois. Paris, chez l'Éditeur, r. du Coq, N° 4; et Hautecœur Martinet, même rue.

1831, 21 mai. — N° à gauche, en noir, Est. Tf. 53. — En noir et Color. avec N° à droite. Coll. Meunié.

59. — N° 50. — *Et moi aussi je suis Artiste... après vous le journal.*

(Sans signature). Lith. de Delaunois. A Paris, chez l'Éditeur, rue du Coq, N° 4; et Hautcœur (sic) Martinet, même rue.

1831, 21 mai. — N° à gauche, en noir, Est. Tf. 53. — Color. N° à droite, Coll. Meunié.

60. — N° **51.** — *Le soleil... les bleds... les beaux yeux... ton... tout m'enflamme, il n'y a pas moyen d'échapper !...*

(Sans signature). Lith. de Delaunois. Paris, chez l'Editeur, rue du Coq, N° 4 ; et Hautecœur Martinet, même rue.

1831, 21 mai. — N° à gauche, en noir, Est. Tf. 53. — Color. N° à droite, Coll. Meunié.

61. — N° **52.** — **M' Mayeux donnant une leçon d'Escrime à son fils ainé.** — *Fends toi donc à fond, et efface ta bosse tonnerre de D...*

(Sans signature). Lith. de Delaunois. A Paris, chez l'Editeur, rue du Coq, N° 4 ; et Hautcœur (sic) Martinet, même rue.

1831, 21 mai. — N° à gauche, en noir, Est. Tf. 53. — Color. N° à droite, Coll. Meunié.

62. — N° **53.** — *Allons ne fais donc pas la bégueule, Mayeux est bien aimable et il te mettra dans tes meubles.*

(Sans signature). Lith. de Delaunois. A Paris, chez l'Editeur, rue du Coq, N° 4 ; et Hautecœur Martinet, même rue.

1831, 21 mai. — N° à droite, en noir, Est. Tf. 53. — Sans N°, Coll. Malherbe.

63. — N° **54.** — *Le Célèbre Mayeux, il n'est point rempaillé, il est vivant... vous le verrez liant ses cordons de souliers sans se baisser, entrez-voir ! venez voir ! montez voir ! vous allez voir !...*

(Sans signature). Lith. de Delaunois. A Paris, chez l'Editeur, rue du Coq, N° 4 ; et Hautcœur (sic) Martinet, même rue.

1831, 11 juin. — N° à gauche, en noir, Est. Tf. 53. — Color. N° à droite, Coll. Meunié.

64. — N° **55**. — *Ah! Dieu! je conçois maintenant l'histoire du beau Narcisse!...*

(Sans signature). Lith. de Delaunois (etc.).

1831, 11 juin. — N° à gauche, en noir, Est. Tf. 53. — Color. N° à droite, Coll. Meunié.

65. — N° **56**. — *Faite comme Vénus!..... le vent m'extermine!.....*

(Sans signature). Lith. de Delaunois (etc.).

1831, 11 juin. -- N° à gauche, en noir, Est. Tf. 53. — Color. N° à droite, Coll. Meunié.

66. — N° **57**. — *Oui Madame Mayeux, j'ai obtenu les suffrages de mes concitoyens, je suis nommé..... ça m'était dû nom de D...!...*

(Sans signature). Lith. de Delaunois. Paris, chez l'Editeur, r. du Coq, N° 4; et Hautecœur Martinet, même rue.

1831, 11 juin. — N° à gauche, en noir, Est. Tf. 53. — Color, N° à droite, Coll. Meunié.

67. — N° **58**. — *Laissez donc Sergent avec un peu de bonne volonté et le bonnet à poil je ferai un fort joli Voltigeur.*

(Sans signature). Lith. de Delaunois. A Paris, chez l'Editeur, rue du Coq, N° 4; et Hautcœur (sic) Martinet, même rue.

1831, 11 juin. — N° à gauche, en noir, Est. Tf. 53. — Color. N° à droite, Coll. Meunié.

68. — N° **59**. — *Monsieur le marquis, vous voyez que, malgré votre énorme cocarde, les Electeurs m'ont préféré!... c'est vexant pour vous!..... allez chercher fortune ailleurs, tonnerre de D...*

C. J. T. *Lith. de Delaunois. A Paris, chez l'Editeur, rue du Coq, N° 4; et Hautecœur Martinet, même rue.*

1831, 9 juillet. — N° à gauche, en noir, Est. Tf. 53. — Et Coll. Malherbe.

69. — **N° 60.** — *On n'entre pas avec un paquet — vous m'insultez je m'appelle Mayeux et si vous m'embêtez encore, je me fache nom de D...*

(Sans signature). Lith. de Delaunois. A Paris, chez l'Editeur, rue du Coq, N° 4; et Hautcœur (sic) Martinet, même rue.

1831, 9 juillet. — N° à gauche, en noir, Est. Tf. 53. — Co-or. N à droite, Coll. Meunié.

70. — **N° 61.** — *Ah ! docteur, c'est pour avoir trop aimé le juste milieu, que je suis dans celle f... position.*

(Sans signature). Lith. de Delaunois. A Paris, chez l'Editeur, rue du Coq, N° 4 ; et Hautecœur Martinet, même rue.

1831, 9 juillet. — N° à gauche, en noir, Est. Tf. 53. — Co lor. N° à droite, Coll. Meunié.

71. — **N° 62.** — *Je n'donnerais f..... pas quatre sols ! il n'y a pas de danger qu'on m'y reprenne nom de D...!...*

(Sans signature). Lith. de Delaunois. A Paris, chez l'Editeur, rue du Coq, N° 4 ; et Hautcœur (sic) Martinet, même rue.

1831, 9 juillet. — N° à gauche, en noir, Est. Tf. 53. — Co-lor. N° à droite, Coll. Meunié.

72. — **N° 63.** — **M^r et Mme Mayeux plantant l'arbre de la Liberté.** — *Ils seront joliment malins s'ils m'empêchent de planter celui-là !...*

(Sans signature). Lith. de Delaunois. A Paris, chez

*l'Editeur, r. du Coq, N° 4 ; et Hautecœur Martinet,
même rue.*

1831, 17 septembre. — N° à droite, en noir, Est. Tf. 53. —
Color. coll. Meunié.

73. — **N° 64.** — *Ne me reliens pas, je suis furieux !
abolir l'hérédité de la pairie, ça n'a pas le sens commun
nom de D...!...*
(Sans signature). Lith. de Delaunois (etc.).

L'abolition de la pairie date du 27 août 1831 ; la lith. a dû
paraître entre le 17 septembre et le 5 novembre, date des N°ˢ 63
et 65. — Sans Numéro, Est. Tf. 53. — Coll. Meunié avant toute
lettre, en noir et sans N°.

74. — **N° 65.** — **Combat entre Mayeux et John-
Bull.** — *Approche donc que je te f... une bosse nom de
D...!*
P. Z. *Lith. de Delaunois. Paris, chez l'Editeur, rue
du Coq, N° 4 ; et Hautcœur (sic) Martinet, même rue.*

1831, 5 novembre. — N° à droite, en noir, Est. Tf. 53. —
Color. Coll. Meunié.

2. — SUITE DE LITHOGRAPHIES PAR GENTY.

(Novembre 1830-juillet 1831.)

75. — **Mʳ Mayeux à l'Ambigu.** — *N... de D... Mʳ le
Gendarme faites donc finir ces gens là y n'font que P....
V..... on n'entend rien.*
CH. D. S. I. *Lith. de Genty.*

1830, 20 novembre. — Color., Coll. Meunié. — L'exemplaire,
en noir, des Est. Tf. 52 porte comme légende :
*Nom de D... Mʳ le Gendarme faites donc finir ces gens là y n'fon
que peter vesser on entend rien.*

76. — **Mr Mayeux en faction.** — *Monsieur est ce que vous êtes une patrouille — Oui — eh bien attendez..*

(Sans signature). I. Lith. de Genty.

1830, 20 novembre. — Color., Coll. Meunié. — L'exemplaire, en noir, des Est. Tf. 52, ne porte pas de titre.

77. — **Graduation de la famille des Mayeux.** — *Cré nom de D... ! Madame Mayeux ! je vous dis f..... qu'au premier signal nous serons (sic) là.*

Cн. д. S. *Lith. L. F. Genty.*

1831, 9 avril. — En noir, Est. Tf. 52. — Color., Coll. Malherbe.

78. — **Offrande patriotique de Mr Mayeux.** — *Tonnerre de D... ! oui ! je jure qu'en cas de guerre j'armerai, équiperai instruirai et commanderai l'innombrable et respectable famille des Mayeux...*

Cн. д. S. *Lith. de L. F. Genty.*

1831, 9 avril. — En noir, Est. Tf. 52. — Color., Coll. Malherbe.

79. — **Départ de Mr Mayeux pour la Pologne.** — *Cré nom de D... ! partons toujours les autres viendront après..... si l'on le décide.*

Cн. д. S. *Lith. de L. F. Genty.*

1831, 16 avril. — En noir, Est. Tf. 52. — Et Coll. V. Garnier.

80. — **Le Général Mayeux à son Quartier.** — *Nom de D... ! Amis! ralliez vous à mon panache et partons pour combattre les ennemis de la patrie !...*

Cн. д. S. *Lith. de L. F. Genty.*

1831, 16 avril. — En noir, Est. Tf. 52. — Color., Coll. Meunié.

81. — **Les Exploits de Mr Mayeux en Pologne.** —

Tonnerre de D...! j'en moissonne-t-il des cosaques et des lauriers.

Cʜ. ᴅ. S. *Lith. de L. F. Genty.*

183ɪ, 23 avril. — En noir, Est. Tf. 52. — Color., Coll. Meunié.

82. — **Enfoncement de Mʳ Mayeux.** — *Tonnerre de D...! Ah! si Mᵐᵉ Mayeux savait cela?*

(Sans signature). Lith. de L. F. Genty.

183ɪ, 23 avril. — En noir, Est. Tf. 39, Tf. 52. — Color., Coll. Malherbe.

83. — **Déjeuner de Mʳ Mayeux un jour de garde.** — *Nom de D...! la femme, vous laissez brûler mon hareng? — N'aye pas peur mon garçon, j'ai l'œil dessus.....*

C. ᴅ. S. *Lith. de L. F. Genty.*

183ɪ, 23 avril. — En noir, Est. Tf. 52. — Et Coll. Meunié.

84. — **Justice rendue à Mʳ Mayeux.** — *Comment Mʳ Mayeux!.. — Oui Mʳ le Roi a daigné....*

Cʜ. ᴅ. S. *Lith. de L. F. Genty.*

183ɪ, 23 avril. — En noir, Est. Tf. 52. — Color., Coll Meunié.

85. — **Encore une charge sur son dos.** — *Je suis encore au dessus de vous, Cré polissons d'artistes! le plus âne de nous deux n'est pas celui qu'on pense....*

Cʜ. ᴅ. S. *Lith. de L. F. Genty.*

183ɪ, 23 avril. — En noir, Est. Tf. 52. — Color., Coll. Meunié.

86. — **Mʳ Mayeux relevant les factionnaires.** — *Cré farceur de Sergent ne croit-il pas que je vais lui relever celui-là.*

Cʜ. ᴅ. S. *Lith. de L. F. Genty.*

183ɪ, 23 avril. — En noir, Est. Tf. 52. — Color., Coll. Malherbe.

87. — Mr Mayeux aux frontières. — *Qui vive ! — République — Tonnerre de D... on ne passe pas !. aux armes !..*
Cn. d. S. *Lith. de Genty.*

1831, 7 mai. — En noir, Est. Tf. 52. — Color., Coll. Meunié.

88. — Aventure de Mr Mayeux. — Méprise d'un Singe. — *F..... ! Arrêtez donc votre singe nom de D..., est-ce qu'il me prend pour un chameau !*
(*Sans signature*, mais très probablement de Cn. d. S.). *Lith. de Genty.*

1831, 21 mai. — En noir, Est. Tf. 52. — Color., Coll. Meunié.

89. — Mr Mayeux chez le géant. — *Ah ! tu veux te mesurer avec moi ! en garde nom de D...!*
Cn. d. S. *Lith. de L. F. Genty.*

1831, 21 mai. — En noir, Est. Tf. 52. — Color., Coll. Meunié.

90. — Mr Mayeux à la Cérémonie du 10 Mai 1831. — *Cette fois ci on ne se plaindra pas nom de D...! car on ne pouvait pas nous recevoir avec plus de pompe !*
Cn. d. S. *Lith. de L. F. Genty.*

1831, 21 mai. — En noir, Est. Tf. 52. — Color., Coll. Meunié.

91. — Profession de foi politique de Mr Mayeux. — *Quant à moi en fait de politique, voici mes principes a bas la plaine et vive la Montagne !!!*
Cn. d. S. *Lith. de Genty.*

1831, 21 mai. — En noir, Est. Tf. 52. — Color., Coll. Meunié.

92. — *Vous n'avez donc plus de ce Casimir de l'année dernière? — Non Monsieur, il est vendu....*

(Sans signature). Lith. de Genty.

1831, 28 mai. — En noir, Est. Tf. 52. — Color., Coll. Meunié.

93. — **Emeute républicaine.** — *Qu'est-ce qu'il y a donc là, belle enfant? — Monsieur c'est une affaire sérieuse, figurez vous qu'ils ont cassé des noisettes et peluré des oranges, alors Monsieur, la garde nationale a pris les armes.*

Mᵣ Zoé. *Lith. de Genty.*

1831, 4 juin. — En noir, Est. Tf. 52. — Color., Coll. Meunié.

94. — **Mᵣ Mayeux chez le Cardinal F...** — *Comment se porte votre Eminence? — Très bien Mayeux et la vôtre.*

Cʜ. ᴅ. S. *Lith. de Genty.*

1831, 4 juin. — En noir, Est. Tf. 52. — En noir et Color., Coll. Meunié.

95. — **Mᵣ Mayeux à une lecture Romantique.**
Damnation, Mayeux bientôt en vérité
Vos oreilles du ciel iront toucher la voute!
Depuis quand cette infirmité?
— C'est depuis que je vous écoute.

Cʜ. ᴅ. S. *Lith. de Genty.*

1831, 18 juin. — En noir, Est. Tf. 52. — Color., Coll. Meunié.

96. — **Le Gouvernement asperge.** — *Cré tonnerre! pour le coup je renonce joliment à Satan, à ses pompes et à ses œuvres.*

(Sans signature). Lith. de Genty.

1831, 18 juin. — En noir, Est. Tf. 52. — Color., Coll. Meunié.

97. — **Mr Mayeux republicain.** — *Tonnerre de D... !
donnez moi donc une demi-aune de vos faveurs.... républicaines...*

(Sans signature). Lith. de Genty.

1831, 2 juillet. — En noir, Est. Tf. 52. — Color., Coll.
Meunié.

98. — **Nouvelle économie politique.** — *Méthode
adoptée de Mr Mayeux, Ministre des finances, pour la défense des frontières.*

(Sans signature). Lith. de Genty.

1831, 2 juillet. — En noir, Est. Tf. 52. — Color., Coll.
Meunié.

99. — **Aux armes Citoyens !..** — *En avant les cruches !.. Cré polisson de déluge ! a-t-il aspergé nos bas
d'eau !..*

C<small>H.</small> D. S. *Lith. de Genty.*

En noir, Est. Tf. 52. — Color., Coll. Meunié.

100. — **Métamorphose de Mr Mayeux.** — *Contemplez le Géant, si vous l'osez Pigmées (sic), nom de
D... !*

(Sans signature). Lith. de Genty.

En noir, Est. Tf. 52. — Color., Coll. Meunié.

101. — **Mr Mayeux sans-culotte.** — *C'est fini, citoyen C........ tu as redressé.... mes opinions, je suis un
Marat, un Robespierre, un républicain, et un vingt cinq
mille potences, Tonnerre de D... !*

(Sans signature). Lith. de Genty.

En noir, Est. Tf. 52. — Color., Coll. Meunié.

102. — **Encore une distribution.** — *Arrivez donc*

vous autres nom de D...! il y en aura pour tout le monde.

Ch. d. S. *Lith. de Genty.*

En noir, Est. Tf. 52. — Color., Coll. Meunié.

3. — « Facéties de Mʳ Mayeux »
chez Aubert.

(Janvier-août 1831.)

103. — **Pl. 1.** — **Facéties de Mʳ Mayeux.** — *Nous étions trois jeunes, gens nous avons ri comme des........ comme des....... comme des scélérats.*

C. J. Traviès. *au Magasin de Caricatures d'Aubert Galerie Véro Dodat. Lith. de Delaporte.*

1831, 22 janvier. — Color., N° à droite, Coll. Meunié. — En noir, sans titre ni N°, Est. Tf. 53.

104. — **Pl. 2.** — **Facéties de Mʳ Mayeux.** — *Dur comme un roc.... Femme charmante...... Dur comme un roc!*

C. J. Traviès. *au Mᵐ de Caricatures d'Aubert Galerie Véro-Dodat. Lith. de Delaporte.*

1831, 22 janvier. — N° à droite, en noir, Est. Tf. 53. — Color., Coll. Meunié.

105. — **Pl. 3.** — **Facéties de Mayeux.** — *Galanterie de Mʳ Mayeux.*

C. J. Traviès. *Lith. de Delaporte. Chez Aubert, Éditeur du Journal la Caricature au Magasin de caricature (sic), Gⁱᵉ Véro Dodat.*

1831, 22 janvier. — N° à droite, en noir, Est. Tf. 53. — Color., Coll. Meunié.

106. — Pl. 4. — Facéties de Mr Mayeux. — *Non, Mayeux..... tu es un monstre, tu veux me séduire.*

C. J. Travaès. *Lith. de Delaporte. Chez Aubert Éd^{eur} J^{al} la Caricature au magasin de Caricatures, G^{ie} Véro Dodat.*

1831, 22 janvier. — N° à droite, en noir, Est. Tf. 53. — Color., Coll. Meunié.
Autre litho. in-4° coloriée semblable à celle-ci, mais sans titre, sans N° et sans indic^{on} d'éditeur ni de lithographe, Coll. Meunié.

107. — Pl. 5. — Facéties de Mr Mayeux. — *Polissonne de boulle (sic)!.... en fais tu des Caprices!!*

C. J. Travaès. *Lith. de Delaporte. Chez Aubert, Éd^{eur} Journal la Caricature au magasin de caricatures, G^{ie} Véro Dodat.*

1831, 5 février. — N° à droite, en noir, Est. Tf. 53. — Color., Coll. Malherbe.
Autre lith. semblable, où le nom du lithographe manque, Color., Coll. Meunié.

108. — N° 6. — Facéties de Mr Mayeux. — *Femme sensible, entends tu le ramage, etc. etc.*

C. J. Travaès. *Chez Aubert Éditeur du Journal la Caricature au Grand Magasin de Caricatures Galerie Vero-Dodat. Lith. de Delaporte.*

1831, 5 février. — N° à droite, en noir, Est. Tf. 53. — Color., Coll. Malherbe.
A paru aussi avec, comme indication de lithographe : *Lith. de Benard rue de l'Abbaye N° 4.* — Coll. Meunié

109. — N° 7. — Facéties de Mr Mayeux. — *Ah! Gueu-Gueuse, tu enfonces Mme Mayeux!...*

C. J. Travaès (etc.).

1831, 5 février. — N° à droite. — Color., Coll. Meunié.

110. — N° 8. — Facéties de Mr Mayeux. — *Madame*

*n'est pas visible !... c'est égal, friponne, c'est égal, dis
lui que c'est son petit Mayeux !...*

C. J. Traviès. *Lith. de Delaporte. Chez Aubert, Ed^{ur}
du Journal la Caricature au grand Magasin de Caricature (sic) Galerie Véro dodat.*

1831, 5 février. — N° à droite, Color., Coll. Meunié.

111. — N° 9. — **Facéties de Mr Mayeux.** — *Je suis
français, bobonne, je suis français, nom de d..!*
*(Sans signature). Chez Aubert Editeur du Journal la
Caricature, au grand magasin de Caricatures, G^{ie} Vero
Dodat. Lith. de Delaporte.*

1831, 5 février. — N° à droite, en noir, Est. Tf. 53. — Color., Coll. Malherbe.
Editée à nouveau avec ce changement de lithographe : *Lith.
de Bénard.* — Coll. Meunié.

112. — N° 10. — **Facéties de Mr Mayeux.** — *Elle
n'est pas piquée des vers nom de d..!*
C. J. Traviès. (Etc.).

1831, 5 février. — N° à droite, en noir, Est. Tf. 53. — Color., Coll. Malherbe.
A reparu avec ce changement de Lithographe : *Lith. de Benard, rue de l'Abbaye N° 4.* — Color., Coll. Meunié.

113. — N° 11. — **Facéties de Mr Mayeux.** — *Mayeux
va recevoir la réponse sur le dos !....*
C. J. Traviès. *Chez Aubert, E^{eur} Journal la Caricature, au Magasin de Caricatures, G^{ie} Vero Dodat. Lith.
de Delaporte.*

N° à droite Est. Tf. 53. — Color., Coll. Meunié.

114. — N° 12 (en haut de la feuille) (signature :) C. J.
Traviès (Titre et légende au bas de la lith.) : **Dernière**

facétie de Mayeux, — *Polissonnes de femmes, vous ne m'en ferez plus !*

Lith. de Delaporte. Chez Aubert G^{ie} Véro-Dodat.

1831, 22 janvier. — N° à droite, en noir, Est. Tf. 53 ; color., Coll. Malherbe.

A paru toute semblable mais avec différence de lithographe : *Lith. de Benard rue de l'Abbaye N° 4.* — Coll. Meunié.

115. — N° 13. —**Facéties de M. Mayeux.** — ..... *Tu veux donc faire mourir ton p'tit Mayeux ?....*

(Sans signature). Lith. de Delaporte. Chez Aubert, E^r du Journal la Caricature, au Magasin de Caricatures, G^{ie} Véro Dodat.

N° à droite, Color., Coll. Meunié.

116. — N° 14. — **Facéties de Mr Mayeux.** — *Planramplan !.. planramplan !... allez vous faire f..... ! avec votre rappel, tonnerre de D... ! j'en ai plein le dos.*

C. J. T. Lith. de Delaporte. A Paris, chez Aubert Editeur du Journal La Caricature, Galerie Véro Dodat.

1831, 30 avril. — N° à droite, en noir, Est. Tf. 53. — Color., Coll. Meunié.

117. — N° 15. — **Facéties de Mr Mayeux.** — .... *Soigne le bien ton p'tit Hercule.......*

C. J. TRAVIÈS. Chez Aubert, E^{eur} du Journal la Caricature, au Magasin de caricatures, galerie Véro Dodat. Lith. de Delaporte.

1831, 2 avril. — N° à droite, en noir, Est. Tf. 53. — Color., Coll. Meunié.

118. — N° 16. — **Facéties de Mr Mayeux.** — *Il me faut un bijoux (sic) soigné !... un Colosse ! nom de D....*

C. J. TRAVIÈS. Lith. de Delaporte Sr de Langlumé. Chez Aubert, E^{eur} du Journal la Caricature, au Magasin de caricatures, galerie Vero Dodat.

1831, 9 avril. — Nᵒ à droite, en noir, Est. Tf. 53. — Color.,
Coll. Malherbe.

A reparu avec ce changement de lithographe : *Lith. de Benard
rue de l'Abbaye Nᵒ 4.* — Color., Coll. Meunié.

119. — **Pl. 17.** — **Facéties de Mʳ Mayeux.** — *Garçon! des truffes! nom de D..!........ comme s'il en pleuvait!*

C. J. Traviès. *Lith. de Delaporte. Chez Aubert, Eʳ
du Journal la caricature, au Magasin de caricatures,
galerie Véro Dodat.*

1831, 23 avril. — Nᵒ à droite, en noir, Est. Tf. 53. — Color., Coll. Malherbe.

A paru à nouveau avec ce changement de lithographe : Lith.
de Benard rue de l'Abbaye Nᵒ 4. — Color., Coll. Meunié.

120. — **Nᵒ 18.** — **Facéties de Mʳ Mayeux.** — *Oh!
la belle enfant....... j'veux lui apprendre un petit jeu.*

C. J. Traviès (etc.).

1831, 23 avril. — Nᵒ à droite, en noir, Est. Tf. 53. — Color., Coll. Meunié.

121. — **Nᵒ 19.** — **Facéties de Mʳ Mayeux.** — *Dépêche
toi! nom de D! dépêche toi!..... nous allons voir le tremblement!!!...*

C. J. Traviès. *Lith. de Delaporte Sʳ de Langlumé*
(etc.).

1831, 23 avril. — Nᵒ à droite, en noir, Est. Tf. 53. — Color., Coll. Malherbe.

A été reproduite avec ce changement de lithographe : *Lith. de
Benard rue de l'Abbaye Nᵒ 4.* — Coll. Meunié.

122. — [Nᵒ **20 ?**] — **Mayeux Pharmacien.** — *Ce
n'est pas pour moi, Monsieur.......*

C. J. Traviès. *Lith de Delaporte* (etc.).

1831, 18 juin. — Sans Numéro, en noir, Est. Tf. 53. — Color., Coll. Malherbe.

La même litho. a paru avec le N° 2 et ce changement de lithographe : Lith. de Benard, rue de l'Abbaye N° 4. — Coll. Meunié.

123. — [N° 21 ?] — **Mayeux M^d de Vins.** — *Mr Mayeux vous êtes joliment cochon. ça sera dit à vot (sic) femme.*

C. J. TRAVIÈS. *Lith. de Delaporte Sr de Langlumé (etc.).*

1831, 18 juin. — Sans numéro, en noir, Est. Tf. 53. — Color., Coll. Meunié.

124. — **N° 22.** — **Mayeux Coiffeur.** — *Voici, madame le nœud d'Appollon (sic) le nœud Mayeux.*

C. J. TRAVIÈS. *Lith. de Delaporte. Chez Aubert, Ed^r du Journal la Caricature, au Magasin de caricatures galerie véro Dodat.*

1831, 9 juillet. — N° à droite. — Coll. Malherbe.
L'exemplaire des Estampes Tf. 53, porte également le N° 22, mais ce Numéro est corrigé au crayon en N° 29.

125. — **N° 23.** — **Mayeux Chapelier.** — *Monsieur peut se vanter d'être coiffé dans le bon style.*

C. J. TRAVIÈS. *Lith. de Delaporte Sr de Langlumé. Chez Aubert, E^{eur} du Journal la caricature, au Magasin de caricatures, Galerie Véro Dodat.*

1831, 18 juin. — N°.à droite, en noir, Est. Tf. 53. — Color., Coll. Malherbe.
A paru ensuite avec ce changement de lithographe : Lith. de Benard, rue de l'Abbaye N° 4. — Coll. Meunié.

126. — **14** (*sic*). — **Mayeux M^d de Nouveautés.** — *Hé ! Madame, l'horrible est très à la mode !*

C. J. TRAVIÈS. *Lith. de Delaporte. Chez Aubert.*

1831, 16 juillet. — N° à droite. — Coll. Malherbe.
Même litho. portant comme numérotage : N° 23, corrigé au crayon en N° 30, même dessinateur, même légende, mais avec

les indications : *Lith. de Delaporte.* Chez Aubert E^{ur} du Journal la caricature, au Magasin de caricatures Galerie Vero Dodat. — Est. Tf. 53.

127. — N° 25. — **Le Docteur Mayeux.** — *Délicieux!* *délicieux!..........*

C. J. TRAVIÈS. *Lith. de Delaporte. Chez Aubert, Ed^{ur} du Journal La Caricature, au Magasin de Caricatures Galerie Véro Dodat.*

1831, 23 juillet. — N° à droite, Est. Tf. 53. — Sans N°, Coll. Malherbe.

128. — N° 26. — **Mayeux Tailleur.** — *Vous trouvez, Monsieur Mayeux, que j'ai le dos trop plat?*

C. J. TRAVIÈS. *Lith. de Delaporte. Chez Aubert, E^{ur} du Journal la caricature, au Magasin de caricatures, Galerie Véro dodat.*

1831, 23 juillet. — N° à droite, en noir, Est. Tf. 53. — Color., Coll. Meunié.

129. — N° 27. — **Mr Mayeux maître de Danse.** — *En avant deux!!*

C. J. TRAVIÈS. *Lith. de Delaporte. Chez Aubert, E^{ur} du Journal la caricature, au Magasin de caricatures, galerie Véro dodat.*

1831, 23 juillet. — N° à droite, en noir, Est. Tf. 53. — Color., Coll. Meunié.

130. — N° 28. — **Mayeux Restaurateur.** — *Bougez pas, mes enfans (sic), je connais ça, je connais ça!*

(Sans signature). Lith. de Delaporte. Chez Aubert E^{ur} du Journal la caricature, au Magasin de caricatures galerie Véro dodat.

1831, 30 juillet. — N° à droite, en noir, Est. Tf. 53. — Color., Coll. Malherbe.

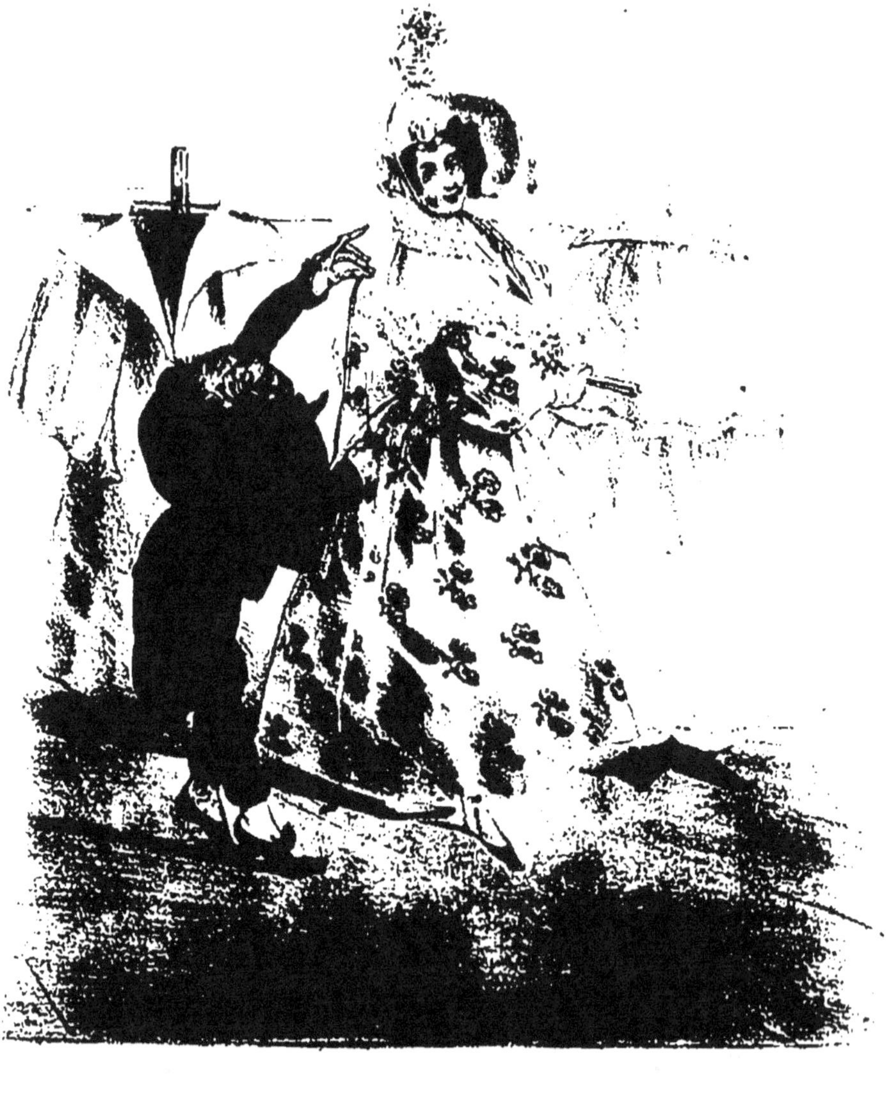

« Vous trouvez... Monsieur Mayeux, que j'ai le dos trop plat ? »

La même a paru avec, comme nom de lithographe : Lith. de Benard rue de l'Abbaye N° 4. — Color., Coll. Meunié.

131. — N° 29. — **Mayeux Cordonnier.** — *Dieu de dieu ! c'est le plus joli que j'aie vû de ma vie.*

C. J. TRAVIÈS. *Lith. de Delaporte. Chez Aubert, E^{eur} du Journal la caricature, au Magasin de caricatures, galerie Véro Dodat.*

1831, 18 juin. — N° à droite, en noir, Est. Tf. 53 (avec l'indication N° 24). — Color., Coll. Meunié.

132. — N° 30. — **Mayeux Charcutier.** — *Qu'en dites vous, la petite chatte, est-y beau celui là ?*

C. J. TRAVIÈS. *Lith. de Delaporte, Sr de Langlumé. Chez Aubert, E^r du Journal la caricature au Magasin de caricatures, galerie Véro Dodat.*

1831, 11 juin. — N° à droite, en noir, Est. Tf. 53. — Color. avec, comme indication de lithographe : Benard, rue de l'Abbaye N° 4, Coll. Meunié.

24.

133. — [N° 31]. — **Mayeux Epicier.** — *Vlà du doux, chou-chou ! quand vous voudrez du dur vous n'avez qu'à m'faire signe nom de D....*

(*Sans signature*). *Lith. de Delaporte. Chez Aubert, E^{eur} du Journal la Caricature au Magasin de caricatures Galerie Véro dodat.*

1831, 16 juillet. — Color., numéroté à gauche au crayon, Coll. Malherbe. L'exemplaire des Est. Tf. 53, en noir, porte imprimé comme numérotage N° 24, corrigé au crayon en N° 31.

134. — N° 32. — **Mayeux peintre Classique.** — *Il n'y a qu'une bonne École madame, c'est l'École de la bosse !.....*

C. J. TRAVIÈS. *Lith. de Delaporte, rue de l'Abbaye*

No 4. Chez Aubert, E^{eur} du Journal la caricature au Magasin de caricatures, galerie Véro Dodat.

1831, 6 août. — Nº à droite, en noir, Est. Tf. 53. — Color., Coll. Meunié.

135. — **Nº 33.** — **Facéties de M. Mayeux.** — *Je suis le Poiricide Mayeux, tonnerre de D...! vends moi ton éventaire que je le f.... à l'eau !!!*

C. J. T. *Lith. de Benard, rue de l'Abbaye Nº 4. Chez Aubert, E^{eur} du J^{al} la caricature, galerie véro dodat.*

1832, 19 mai. — Nº à droite, en noir, Est. Tf. 53. — Et Color., Coll. Meunié.

136. — **Nº 33.** — **Facéties de M. Mayeux.**
C. J. T.

Bien que portant le titre et le numéro de la précédente, cette litho. sans légende, qui est du reste dans le format in-8º, ne fait pas partie de la suite d'Aubert.

Elle représente Mayeux les jambes écartées, étendant les bras et tenant de la main droite une poire et de la gauche une pomme. Coll. Malherbe.

137. — **Facéties de M. Mayeux.**
— *Avec un garde du Corps! vengeance bon dieu!*
— *Femme sensible entends tu le ramage?*
— *Oh! la belle enfant je veux lui apprendre un petit jeu.*
— *Assez! assez! bon dieu!..... assez!*
— *On nous dessine d'après la bosse. Enfonçons le passage véro dodat.*
— *a-t-on jamais fichu un canon si haut que ça!*
— *On tire à hauteur de ceinture d'homme, ça ne me regarde pas.*
— *Appellez (sic) votre bête ou je l'étouffe.*

(Sans signature). Lith. de Delaporte ᶜ (sic) de Lan-glumé. On s'abonne chez Aubert, galerie Vero dodat.

Réunion de 8 petites litho., qu'on trouve ou coloriées ou en noir, et qui ont paru dans La Caricature, Nᵒ 29 du 19 mai 1831 ; annoncée à part dans le Journal de la librairie du 29 mai. En noir et color., Coll. Meunié avec le Nᵒ à droite 57. L'Epreuve des Estampes, Tf. 70 (en noir) porte écrit au crayon : *Jules David del.*

4. — DEUX LITHOGRAPHIES
chez Bénard.

(Janvier 1831.)

138. — Nᵒ 1. — *Faites donc attention, nom de D...; je vous observerai, que vous me f..... vos breloques dans la bouche.*

(Sans signature). Lithogᶜ de L. Houbloup, rue Dau-phine Nᵒ 24. Chez Bénard Galerie Vivienne Nᵒ 49.

Nᵒ à droite, Color., Coll. Meunié.

139. — Nᵒ 2. — *F..... il y a une demi-heure, que je cherche une place et je n'en trouve pas ; j'ai pourtant payé mes quarante-quatre sous, comme un autre pour voir Mˡˡᵉ Mars, nom de D....*

(Sans signature. Même lith. et même éditeur.)

1831, 29 janvier. — Deux lith., Nᵒ à gauche, en noir, Est. Tf. 52. — Nᵒ à droite, en noir et Color., Coll. Meunié.

5. — « AVENTURES DE Mʳ MAYEUX »
chez Aubert.

(Février 1831.)

140. — Nᵒ 1. — **Aventures de Mʳ Mayeux** (Départ

pour Paris). — *Hohé!. Conducteur!. hohé!.. Vous avez laissé tomber là bas un paquet.......*

Hip^te Robillard. *Lith. de Bénard. Paris, chez Aubert, Éditeur du Journal La Caricature, Galerie Véro Dodat.*

1831, 26 février. — N° à droite, en noir, Est. Tf. 52. — Et Color., Coll. Meunié.
Cette lith. a paru aussi avec le N° 1 (*bis*).

141. — **N° 2.** — **Aventures de Mr Mayeux** (Facéties). — *Mais nom de D... de farceur, je ne veux pas une rédingote anglaise je veux que vous me fassiez un habit soigné, qui ne me fasse pas de plis dans le dos, car sans cela tonnerre de D... je ne le prends pas.*

H^te Robillard. *Lith. de Delaunois. Paris, chez Aubert Éditeur du Journal La Caricature, Galerie Véro-Dodat.*

1831, 26 février. — N° à droite, en noir, Est. Tf. 52. — Color., Coll. Malherbe.

142. — **N° 3.** — **Aventures de Mr Mayeux** (Le Rendez-vous). — *Comme elle va me trouver bien tonnerre de D.... ! je suis f.... pour l'amour et pour la bouteille.*
Même signature, lith. et éditeur.

1831, 26 février, N° à droite, Color., Est. Tf. 52. — Coll. Malherbe.

143. — **N° 4.** — **Aventures de Mr Mayeux** (Taupe sur ses défauts, et Lynx sur ceux des autres). — *Ah! Ah! Les drôles de bêtes, elles ont une difformité qui doit être joliment désagréable.*
(Même sign., lith. et édit.).

1831, 26 février. — N° à droite, Est. Tf. 52. — Color., Coll. Meunié.
Il a paru une lith. semblable, mais n'ayant pas l'indication du lithographe et portant le N° 4 (*bis*), même Coll.

144. — N° 5. — **Aventures de Mʳ Mayeux** (Velléité).
— *Tonnerre de D... ma bonne, quand j'ai mangé des truffes...... je suis féroce comme un léopard, j'ai une tête, une tête !.... comme un mulet.*

Hᵉ Robillard. *Lith. de Bénard. Paris, chez Aubert, Éditeur du Journal La Caricature, Galerie Véro Dodat.*

1831, 26 février. — N° à droite, en noir, Est. Tf. 52. — Color., Coll. Meunié.

145. — N° 6. — **Aventures de Mʳ Mayeux** (Le Tête-à-tête). — *Il y en a la dedans des petits Mayeux, ma bobonne, il y en a dans ce molet (sic) là.*
(Même sign., lith. et édit.)

1831, 26 février. — N° à droite, Est. Tf. 52. — Coll. Malherbe.

6. — Suite de lithographies
chez Charasse.

(Août-septembre 1831.)

146. — N° 1. — *Tonnerre de D...!. faut espérer que pour cette fois j'en attraperai un...*
(Sans signature). Imp. lith. de Delaunois. A Paris, chez Charasse, rue Tiquetonne, N° 22.

1831, 20 août. — Color., N° à droite, Coll. Meunié; en noir, sans N°, Est. Tf. 52, même Coll.

147. — N° 2. — **Une Galanterie de Mʳ Mayeux.** — *Oh fortuné Mayeux, quelles belles couleurs, que de charmes qui s'offrent à ma vue, nom de D... !!*

(Sans signature). Lith. de Delaunois (etc.).

1831, 17 septembre. — Color., N° à droite, Coll. Meunié ; en noir, Est. Tf. 52, avec, à gauche, les initiales PZ.

148. — **N° 3.** — **M' Mayeux arrivant en Pologne.** — *Ton.... de D..., ceux-là n'ont pas peur de la poudre! Du courage braves Polonais, le parti Mayeux vole à votre secours.*

Nous sommes tous patriotes appuyés par la gauche...... la droite se met en mouvement......... en avant mille bombes !.

(Sans signature). Lith. de Delaunois. à Paris, chez Charasse Éditeur, rue Tiquetonne, N° 22.

1831, 17 sept.^bre. — Color., N° à droite, Coll. Meunié. — En noir, Est. Tf. 52, avec, comme adresse d'éditeur N° 21 au lieu de 22. (Le Journal de la Librairie porte cependant bien 22.)

149. — **N° 4.** — *Ne craignez rien, charmante Amélie !. je tiens l'échelle !......*
Tonnerre de D..., les belles cerises !....
C. J. T. *Lith. de Delaunois. Paris, chez Charasse, Editeur, rue Tiquetonne, N° 22.*

1831, 17 sept^bre. — N° à gauche, en noir, Est. Tf. 52. — N° à droite, Color., Coll. Meunié.

150. — **N° 5.** — *Hôlà !. Cocher Citoyen appuyez donc à gauche nom de D... !.. ou gare la culbute !..*
C. J. T. *Lith. de Delaunois (etc.).*

1831, 17 sept^bre. — N° à gauche, en noir, Est. Tf. 52. — Color., Coll. Meunié.

151. — **N° 6.** — **Mayeux Instituteur.** — *Quoi ! per-*

sonne au banc du milieu...... vous aurez tous des oreilles d'âne.

C. J. T. *Imp. Lith. de Delaunois* (etc.).

1831, 17 sept^{bre}. — N° à droite, en noir, Est. Tf. 52. — Color., Coll. Meunié.

7. — SUITE DE LITHOGRAPHIES
chez Fonrouge.

(Avril-décembre 1831.)

152. — N° 1. — **Mr Mahieu, monte à cheval.** — *Se voir tirer en carricature (sic) et s'entendre appeler Gendarme ! Tonnerre de D..., c'est trop dur pour un cœur Patriote.*

C. J. T. *Lith. de Fonrouge. A Paris, chez l'Éditeur, quai Conti N° 5.*

1831, 23 avril. — N° à gauche, en noir, Est. Tf. 53. — Color., Coll. Meunié.

153. — N° 2. — *Tonnerre de D..., J'crois qu'ils se f... de moi, avec leur République, je ne la vois pas.*

C. J. T. (etc.).

1831, 23 avril. — N° à gauche, en noir, Est. Tf. 53. — Color., Coll. Meunié.

154. — N° 3. — *Tel que tu me vois, Tonnerre de D..., J'ai refusé trois fois la décoration depuis la Grande Semaine.*

C. J. T. (etc.).

1831, 23 avril. — N° à gauche, en noir, Est. Tf. 53. — Color., Coll. Meunié.

155. — N° 4. — **Une disgrâce de Mr Mahieu.** — *Ça*

passe la plaisanterie farceuse, tu sais que je suis cha-
touilleux..... ça commence à m'embêter, Nom de D...!

C. J. T. (etc.).

1831, 23 avril. — N° à gauche, en noir, Est. Tf. 53. — Color., Coll. Meunié.

156. — N° 5. — Mʳ Mahieu, Artilleur. — *A-t-on*
jamais F.... un Canon aussi haut que ça..... Tonnerre
de D...!

C. J. T. (etc.).

1831, 23 avril. — N° à gauche, en noir, Est. Tf. 53. — Color., Coll. Meunié.

157. — N° 6. — *Mʳ Mahieu a une peur de chien.*
C. J. TRAVIÈS. *Lith. de Fonrouge. Chez l'Éditeur*
quai Conti N° 5.

Color., N° à gauche, Coll. Malherbe.

158. — N° 7. — *Faut qu'tu viennes chez moi, petite*
Gaillarde, nous ferons des horreurs.
C. J. T. *Lith. de Fonrouge. A Paris, chez l'Éditeur,*
quai Conti, N° 5.

1831, 23 avril. — En noir, N° à gauche, Est. Tf. 53. — Color., sans N°, Coll. Malherbe.

159. — [N° 8]. — Mʳ Mahieu, sur le lit Orthopé-
dique. — *Ah! Tonnerre de D..., Docteur, Ces b...... là*
me f........ peut-être la paix! quand vous aurez corrigé
mon infirmité.

CHARLES * (etc.).

1831, 23 avril. — En noir, sans N°, Est. Tf. 53. — Color.,
Coll. Malherbe.

160. — N° 9. — Mʳ Mahieu, Diplomate. — *Je m'en*
f...! J'n'ai pas consenti!!!....

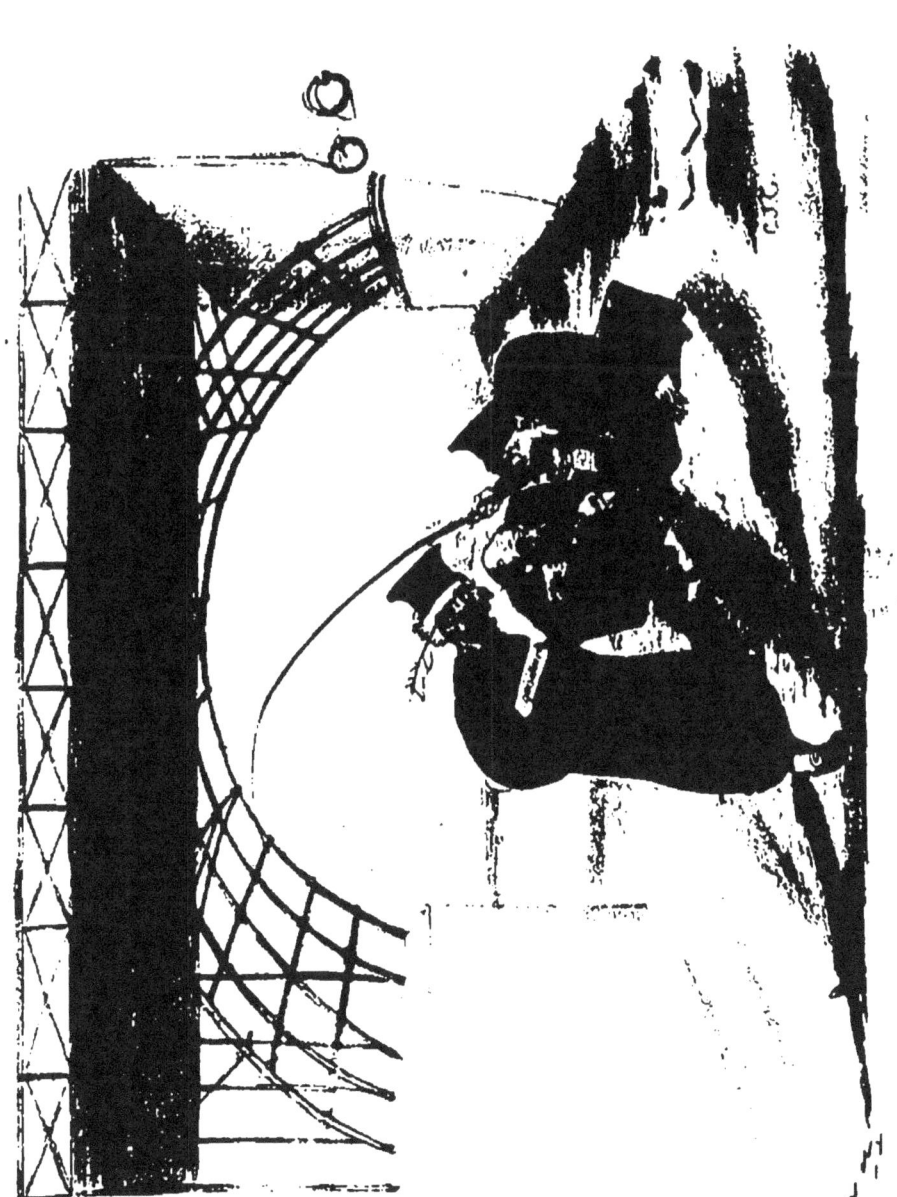

Ah !! Tonnerre de D... !!! voilà le fameux Républicain, au je ne m'y connais pas !

N° 461.

C. J. Traviès (etc.).

1831, 23 avril. — N° à gauche, en noir, Est. Tf. 53. — Color., Coll. Meunié.

161. — [N° 10]. — *Ah!! Tonnerre de D...!!! voilà le Goujon Républicain, ou je ne m'y connais pas!!*
C. J. T. (etc.).

1831, 23 avril. — Sans N°, en noir, Est. Tf. 53. — Color., Coll. Meunié.
La scène se passe sous une arche du Pont des Arts.

162. — [N° 11]. — **Audace de M' Mahieu.** — *N'ayez pas peur princesse... je veux vous montrer quelque chose de drôle.*
Michel Delaporte (etc.).

1831, 23 avril. — Sans N°, Coll. Malherbe ; sans titre, ni indication d'éditeur, Est. Tf. 53.

163. — N° 12. — *Tu ne sais pas conduire, mon pauvre garçon, tu me mets toujours dans l'ornière ; je ne peux pas te garder.*
T. Znor (etc.),

Color., N° à gauche, Coll. Meunié.

164. — [N° 13]. — *Eh! Tonnerre de D..., le petit bonhomme vit encore.*
*A*B (etc.).

1831, 11 juin. — Color., sans N°, au crayon à gauche, Coll. Meunié. — En noir, sans Numéro, Est. Tf. 53.

165. — N° 14. — *Tonnerre de D...! j'peux bien rester ici, je vois tant de gens qui ne sont pas à leur place.*

(Sans signature). Lith. de Fonrouge. A Paris, chez Fonrouge quai Conti N° 5.

1831, 11 juin. — N° à gauche, en noir, Est. Tf. 53. — Color., Coll. Malherbe.

166. — **N° 15. — Colère de M'' Mahieu.** — *Ah ! F..... farceuse, si jamais j'te rattrape je n'te lâcherai plus Tonnerre de D...*
Eᴍ¹ (etc.).

N° à gauche, en noir, Est. Tf. 53. — Color., Coll. Malherbe.

167. — **N° 16. — Tribulation de M'' Mahieu.**
C. J. T. (etc.).

Color., N° à gauche, Coll. Meunié.

168. — **N° 17. — Nouvelle disgrâce de M'' Mahieu.**
— *Tonnerre de D...! j'crois que ces cochons-là me prennent pour une truffe.*
C. J. Tʀᴀᴠɪᴇ̀s (etc.).

Color., N° à gauche, Coll. Meunié.
(Il nous a été impossible de retrouver le N° 18 de cette série qui ne figure pas aux Estampes ni ailleurs.)

169. — **N° 19.** — *Produit enchanteur de mon rare talent, ô nouvelle Galatée ! anime toi du feu sacré de la vie animale : et je me sens capable de mille horreurs !..........*
C. J. T. (etc.).

1831, 8 octobre. — En noir, Est. Tf. 52. — Color., avec le N° à gauche, Coll. Malherbe ; et sans N°, Coll. Meunié.
Autre litho. parue en noir, avec la signature mais avec ces adresses d'édit. et lithog.: Lith. de Ligny, quai Malaquais N° 3. A Paris chez Coron Editeur rue de Seine 25. Chez Lemoine rue des Sᵗˢ Pères 93.

170. — N° 20. — *Une loge grillée !...... Tonnerre de D.......!*

C. J. T. (etc.).

1831, 8 octobre. — En noir, N° à gauche, Coll. Meunié. — En noir, sans signature, avec les mentions : A Paris chez Coron éditeur, rue de Seine 25, chez Lemoine rue des Sts Pères, 73, lith. de Ligny quai Malaquais N° 3, Est. Tf. 52.

171. — N° 21. — Mr Mahieu : *Je demande la parole pour un Fait Personnel.*

Une foule d'honorables : *Je demande la parole pour un Fait Personnel.*

Le Président, d'une voix de tonnerre : *Mr Mayeux a la parole pour un Fait Personnel.*

(Sans signature). Lith. de Fonrouge. A Paris, chez l'éditeur, quai Conti, 5.

1831, 29 octobre. — Color., N° à gauche, Coll. Meunié. — Sans N°, en noir, Est. Tf. 53.

172. — N° 22. — L'Eexcellence *(sic).* — *Eh ! bien, Monsieur Mahieu qu'est ce à dire, vous voila déja de retour de votre expédition.*

Mr Mahieu. — *Hélas ! oui Monseigneur, on a de suite reconnu Mayeux malgré ce masque de Chateaubriand que vous m'avez fait prendre. J'ai été hier sifflé, conspué et houspillé comme vous voyez par tous les partis, je ne fais plus de ces mascarades la.*

Fonrouge inv^t. Lith. Fonrouge 5 Quai Conti.

1831, 3 décembre. — N° à droite, Est. Tf. 53. — Et Coll. Malherbe.

173. — N° 23. — *Soyez plutôt maçon si c'est votre talent* (Boileau art Poët. Ch. IV.)

E. *A Paris, chez l'Éditeur, Quai Conti, N° 5.*

·N° à gauche, Color., Coll. Meunié. — En noir, avec l'indication : Lith. de Fonrouge, Est. Tf. 53.

8. — « MAYEUX ET ROBERT MACAIRE »
chez Bauger.

(Vers 1839.)

174. — 1. — **Mayeux et Robert Macaire. Entrevue
de deux grands hommes.** — *C'est vrai, mon vieux, je
vous ai dégommé : pourtant il y avait du bon dans votre
système ; vous vous adressiez au beau sexe.... polisson !..
moi je me suis voué à l'industrie ; mais la société n'est
pas raisonnable ! croiriez-vous qu'on me fait des diffi-
cultés ? devenez mon auxiliaire. Le nigaud de Bertrand
vous servira de page. Parcourez les boudoirs ; emparez
vous des femmes !.... j'ai mon plan ?*

C. J. TRAVIÈS. *Chez Bauger R. du Croissant 16. Imp.
d'Aubert & Cⁱᵉ.*

175. — 2. — (BERTRAND). *Allons Mayeux, un peu de
cœur ! cette malheureuse vous aime.... (MAYEUX) eh !
elle m'embête !.... (MACAIRE, à la jeune femme). Calmez
vous ; nous le ramènerons, seulement il faudra le séduire ;
et avec quelques dîners, quelques soupers...... donnez
moi une Centaine d'écus pour les faux-frais, et je le rends
à votre amour.*

(*Même signature et mêmes édⁱᵗ et imprⁱ.*)

176. — 3. — *Que diable ! cher Mayeux, nous t'avons
associé à nous pour ton physique ; nous sommes dans une
horrible panne, il faut nous en tirer. La femme française
ne donne plus dans nos blagues ; traverse la Manche,
cours à Londres, la fortune est à nous ! Marquises, Du-*

*chesses, Ladys n'épargnes rien!. et que sait-on? cette
petite Victoria, si friande de mariage, si tu pouvais!..
parlez Mayeux soyez bien gueugueux, bien gentil et nous
pourrons encore faire une crâne de noce!*

(Mêmes signature, édit^r et imp^r.)

177. — 4. — *Mon cher monsieur, vous l'avez appelé
Polisson... songez donc! un colonel de l'ancienne armée,
Eh quoi! parce que votre femme..... c'est plus fort que
lui. ce brave militaire, ça rentre dans les victoires et
conquêtes!... — Comment ça, un colonel?..... — Oui,
monsieur, qui a reçu un boulet par derrière qu'on n'a pas
pu lui extirper.*

(Mêmes signal^e, édit^r et impr^r.)

178. — 5. — *Sous les auspices de ses deux associés,
Mayeux fait fureur à Longchamps et charme par sa grâce
équestre une héritière dont la dot rapportera un million à
la compagnie Macaire, Mayeux et Bertrand.*

(Mêmes signal^r, édit^r et imp^r.)

179. — 6. — *Oui charmante j'ai le dos voûté mais le
cœur droit! je suis un scélérat, vous êtes naïve et pure....
Et avec mon âme de feu, je vous offre une glace : j'adore
les oppositions!*

(Sans signature. Même édit^r et même imp^r.)

Les six litho., en noir et Color., N^{os} à droite; Coll. Meunié

III. — PIÈCES ISOLÉES.

1. — CHEZ ARDIT.

180. — *Mais, brave Mayeux, vous n'avez pas la taille*

*d'un Grenadier; — Faites excuse, Capitaine, avec le
bonnet j'ai mes quatre pouces.*

P. B. F. 1830. *Imp. lith. de E. Ardit, à Paris chez
E. Ardit, Editeur, rue Vivienne, N° 2.*

1830, 2 octobre. — Est. Tf. 52. — et Coll. Meunié.

2. — CHEZ AUBERT.

181. — *Assez, assez! bon dieu! assez!! (Sans signature). Lith. de Delaporte, Sr de Langlumé. Chez Aubert,
édit. du journal La Caricature, au G^d Magasin de Caricatures, Galerie Véro-Dodat.*

1831, 26 mars. — Est. Tf. 53. — et Coll. Malherbe.

182. — **M. Mayeux, Rempart de la France.** —
*Que l'ennemi paraisse, tonnerre de D...! et je ferai des
charges à mon tour..*

Mr DELAPORTE. *Lith. de Delaunois, chez Aubert, Editeur du journal La Caricature, Galerie Véro-Dodat.*

1831, 30 avril. — Est. Tf. 53. — et Coll. Meunié.

183. — **École de M. Mayeux.** — *Dis donc machin
donnes moi l'trognon!... j'le devrai un carré d'papier!...*

C. J. T. *Lith. de Delaporte, Sr de Langlumé, chez
Aubert, édit. du journal La Caricature, au Magasin de
Caricatures, Galerie Véro-Dodat.*

1831, 7 mai. — Est. Tf. 53. — et Coll. Meunié.

184. — **N° 36.** — *Et f...... ce poste là ne me convient pas, avec leurs barricades..... leurs barricades.....
j'en ai plein le dos nom de D...*
(Sans signature). (Etc.).

1830, 11 septembre. — En noir, Coll. Malherbe. — Autre litho. avec la même légende, mais coloriée, sans numéro et portant comme nom d'éditeur : *lith. de V. Ratier. Au Magasin de Caricatures d'Aubert Galerie Véro Dodat.* — Coll. Meunié.

Autre litho en noir, sans signature, sans N°, avec la même légende, mais ponctuée un peu différemment : « *Et f..... ce poste-là ne me convient pas ; avec leurs barricades... leurs barricades..... j'en ai plein le dos nom de d... Lith. de V. Rattier,* etc.

Est. T. f. 52.

185. — **Historique.** — *Mais nom de D... jeune homme, prenez donc garde, votre derrière me sert de lunette, je n'ai f..... pas besoin de çà pour voir.*

ROBILLARD. *Lith. de V. Ratier.* (Etc.).

1830, 11 septembre. — Est. Tf. 52. — et Color., Coll. Meunié.

186. — *Ah f..... on nous dessine d'après la bosse, c'est trop de vexation nom de D..., formons un rassemblement, enfonçons la boutique, les caricatures et tous (sic) le passage véro-dodat.*

ROBILLARD. (Etc.).

1830, 18 septembre. — Color., Coll. Meunié. — Est. Tf. 52 : Cet exemplaire porte simplement comme indication d'éditeur : (*Au Magasin de Caricatures d'Aubert Galerie Vero-Dodat*).

187. — *F..... artiste faut qu'çà finisse....., vos charges m'embêtent moi et mon infirmité..... nom de D...*

E. FOREST. *Lith. de Delaporte, Sr de Langlumé.* (Etc.).

1830, 25 septembre. — Est. Tf. 52. — Color., Coll. Meunié.

188. — **Mayeux. N° 49.** — *Oui f..... Mosieu* (sic), *je viens vous porter plainte contre des polissons d'artistes qui m'ont tiré en Caricatures, la france est libre nom de D..., j'ai le droit de porter ma bosse comme*

*auparavant, çà doit attirer toute l'attention du gou-
vernement, car c'est pire que les casseurs de mécaniques.*

H. Robillard. *Lith. de Ratier.* (Etc.).

1830, 25 septembre. — En noir, Coll. Meunié. — Il existe
une autre lith. semblable avec les mêmes titre, numéro, légende
et signature, mais qui diffère dans l'adresse de l'éditeur : *Lith.
de Ratier. Chez Aubert, Edr du journal La Caricature. Au Magasin
de Caricatures Galerie Véro dodat.* — Color., Coll. Meunié.
Enfin aux Est. Tf. 52, un exemplaire, en noir, porte la même
légende, *H. Robillard. Lith. de Ratier, mais sans adresse d'Éditeur.*

189. — *Mon cher ! cette femme là est folle de
moi !*

De Brolle. *Lith. de Mlle Formentin, rue des Saints-
Pères, No 10.* (Etc.).

1830, 25 septembre. — Est. Tf. 52. — et Coll. Meunié.

190. — *Tu veux abuser de ma position nom de
D... Bah! tu nous embêtes, vois donc c'que tu mar-
chandes !...*

Auguste. *Lith. de Ratier.* (Etc.).

18?0, 30 octobre. — Est. Tf. 52. — et Coll. Malherbe.

191. — **M. Mayeux parvenu au Ministère.** — *Nom
de D... on n'est pas solide là-dessus !... j'suis sur qu'on
s'f... d'moi !*

C. J. Traviès. *Lith. de V. Ratier.* (Etc.).

1830, 20 novembre. Coll. Meunié. — La même lith. a paru,
en noir, avec le même titre, mais portant le No 47, avec la légende
suivante : *Nom de d... on n'est pas solide là-dessus,* et avec cette
adresse d'éditeur : *Chez Aubert Éditeur du Journal La Caricature,
au Magasin de Caricatures Galerie Vero dodat;* — Coll. Malherbe.
L'exemplaire des Estampes est en noir, avec une légende légè-
rement modifiée : *Nom de D... on n'est pas solide là-dessus !...
j'suis sûr qu'on s'f...t d'moi !*

192. — *Le diable emporte la liberté de la presse nom de D...!*

C. J. T. *Lith. de V. Ratier* (Etc.).

1830, 20 novembre. — Color. Coll. Meunié. — Autre litho. avec la même légende mais de la *Lith. de Bénard,* — même Coll.
Aux Est., Tf. 52, l'exemplaire, conforme au premier type, porte la signature entière : C. J. TRAVIÈS.

193. — **Mayeux à Romainville.** — *Nom de D...! ce Monsieur m'a l'air de vouloir faire quelque mauvaise charge.*

A. P. PRÉVOST. *Lith. de Delaporte, Suc* de Langlumé.* (Etc.).

1831, 7 mai. — Color., N° à droite, Coll. Meunié. — L'exemplaire, en noir, des Est. Tf. 52, ne porte pas de numéro.

194. — **N° 40.** — *Farceur de ministère, je vas te faire évacuer nom de D...!*

C. J. TRAVIÈS. *Lith. de Delaporte, Suc* de Langlumé.* (Etc.).

1831, 28 mai. — Color., N° à droite, Coll. Meunié.
L'exemplaire en noir des Est. Tf. 53 ne porte pas de numéro, non plus que la citation au Journal La Caricature.

195. — **N° 46.** — **École de M. Mayeux.** — *C'est pas moi Monsieur !... c'est machin qui m'appelle toujours henriqincuistre !*

C. J. T. *Lith. de Delaporte, Suc* de Langlumé. Chez Aubert, Éditeur du journal La Caricature.*

1831, 28 mai. — Color. N° à droite, Coll. Meunié.

196. — *Nom de D..., dire que je deviendrais* (sic) *comme ça.*

Lith. de Delaporte, Suc^r de Langlumé. Chez Aubert, Passage Véro-Dodat.

Est. Tf. 52. — et Coll. Malherbe.

197. — *Si les ministres montent là, nom de D...,
on pourra dire qui sont bien élevés, ça a quatre fois ma taille.*

Machereau. *Lith. de Delaporte, Suc^r de Langlumé, au Magasin de Caricatures d'Aubert, Passage Véro-Dodat.*

En noir, Coll. Meunié.

198. — *Il faut avouer que les moustaches vont bien à tout le monde.*

(Sans signature). Lith. de Delaporte, Suc^r de Lan-glumé, au Magasin de Caricatures d'Aubert, Passage Véro-Dodat.

Color., Coll. Meunié.

199. — *M. Mayeux, pourquoi donc avez-vous laissé passer cette patrouille.*

Bah... je les connais, c'est tous des voisins...

Ch. de S. *Lith. de Delaporte, Suc^r de Langlumé, au Magasin de Caricatures d'Aubert, Passage Véro-Dodat.*

En noir et color., Coll. Meunié.

200. — *Tu vois la Capitale au moment du tremble-ment, Raguse, dit à l'ancien : la boutique est enfon-cée; l'parisien s'couvre de gloire sur toute la ligne, sacré nom d'un nom de D... que reprend celuici (sic) avec sa modestie accoutumée, F... moi la paix, j'suis z'en prière !!!*

N. *Lith. de Delaporte, Paris, chez Aubert, Passage Véro-Dodat.*

Est. Tf. 52. — et Coll. Meunié.

201. — **Historique.** — *Vive la liberté, vive la charte nom de D..., je m'f... de ça on tire à hauteur de Ceinture d'homme ça ne me regarde pas.*

II. ROBILLARD. *Lith. de V. Ratier (Chez Aubert, Editeur du journal La Caricature. Au Magasin de Caricatures, Galerie Véro-Dodat).*

En noir et Color., Coll. Meunié. — L'exemplaire en noir des Est. Tf. 52, porte : *Au Magasin de Caricatures d'Aubret* (sic) *Galerie Véro-Dodat.*

202. — **Suite d'une révolution.** — *Si jen'avais pas tant tiré, je n'en serais pas réduit là nom de D...*

II. ROBILLARD. *Lith. de V. Ratier. Au Magasin de Caricatures d'Aubert, Galerie Véro-Dodat.*

En noir et Color., Coll. Meunié. — Autre lith. semblable, signée : II^te ROBILLARD et sans aucune indication de lith. ni d'éditeur : Coll. Malherbe.

203. — *Au feu cochons d'artistes !... Au feu Canailles !... Au feu nom de D... Au feu gredins. Au feu !!!.....*

II^pe ROBILLARD. *Lith. de Delaunois, Suc^r de Ratier et Ducarme (Chez Aubert, Editeur du journal La Caricature. Au Magasin de Caricatures, Galerie Véro-Dodat).*

Est. Tf. 52. — et Coll. Meunié.

204. — *F..., Gendarme, ça commence à me fatiguer de marcher comme ça ; je ne suis pas chargé de l'enlèvement des boues de Paris..... avec vos plaisanteries, vous me sciez le dos, nom de D...*

II. ROBILLARD. *Lith. de V. Ratier. (Etc.).*

Color. Coll., Meunié.

205. — *La fortune m'a tourné le dos tonnerre de D..., mais je vais Cabaler, et rira bien qui rira le dernier !...*

H. ROBILLARD. *Lith. de Delaunois, Suc^r de Ratier et Ducarme.*

En noir, Coll. Meunié.
Une autre litho. en tout semblable mais avec cette annexe: *chez Aubert, Éditeur du Journal La Caricature. Au grand Magasin de Caricatures, Galerie Véro-Dodat.*
Journal de la Librairie 26 février 1831, — Est. Tf. 53, en noir, et Coll. Malherbe.

206. — **Le Serg.** — *De la caricature on peut se rendre maître.*

May. — *Vous mettez les verroux mais elle a la fenêtre.*

(Sans signature). Lith. de Bénard, rue de l'Abbaye, N° 4. Chez Aubert, Éditeur du journal La Caricature, Galerie Véro-Dodat.

Est. Tf. 52. — et Coll. Meunié.

207. — *F..... Mosieu* (sic). *appelez votre bête ou je l'étouffe.*

J. GRANDVILLE del. *Lith. de Langlumé. Paris, chez Bulla, rue St Jacques, N° 38. A Paris, chez Aubert, Galerie Véro-Dodat.*

Color., Coll. Meunié. — Autre litho., en noir, différant en ce que l'adresse d'Aubert est remplacée par : *chez M. Langlumé, rue des Beaux-Arts N° 3.* Même collection.

3. — LITH. DE BÉRAUD.

208. — *Mille N... de D...! Excellence, que ça sent le juste milieu.*

*(Sans signature). Déposé. Lith. de Béraud, rue
St-Côme, N° 8, à Lyon.*

1831, 30 juillet. — Color., Est. Tf. 53. — et Coll. Meunié.

4. — CHEZ BULLA.

209. — *Faites donc attention militaire !... il y a un
homme devant vous !*
J. GRANDVILLE *(lith. à l'envers) et chez Bulla, rue
St-Jacques, N° 38.*

Color., Coll. Meunié.

5. — LITH. DE CALLIER.

210. — **Mr Mayeux descendant sa Garde.** — *Je suis
trop éreinté, Bobonne nous avons marché toute la nuit,
T. D. D...*
MALENFANT. *Lith. de Callier, rue Neuve Bourg-
l'Abbé, N° 10.*

Color., Coll. Malherbe.

6. — LITH. CORNILLON.

211. — **Mayeux ne connait plus d'obstacles.!!...**
— *(La Jardinière :) Descends beau Colimaçon que je
l'aplatisse la Coquille..... (Mémoires autograph : de
Mayeux).*
*(Sans signature). Lith. Cornillon, Passage Dauphine,
N° 28.*

Color., Coll. Malherbe.

7. — LITH. D'A. DIDION.

212. — *Grenadiers!... souffrirez-vous toujours qu'on vous appelle Gendarmes!*

Chargez-moi cette Canaille-là tonnerre de D...!

(Sans signature). Lith. d'A. Didion, Quai Conti, N° 5.

En noir, Est. Tf. 53.

8. — CHEZ FONROUGE.

213. — **M'.Mahieu, à la Foire aux Jambons. —** *Tonnerre de D...! Si Mme Mahieu n'est pas contente de mon Andouille..., il faudra qu'elle y renonce.*

(Sans signature). Lith. de Fonrouge, Paris, chez l'Editeur, Quai Conti, N° 5.

Color., Coll. Meunié.

214. — **La Débâcle.**
(Sans signature). A. Bouquet, Lith. Lith. de Fonrouge. A Paris, chez l'Editeur, quai Conti, N° 5.

Color., Coll. Meunié. — La scène se passe sur le pont des Arts.

215. — **N° 7.**
Allez-y donc, allez donc vous faire mordre
Par tous ces gros chiens-là (bis).

BÉRANGER.

C. J. TRAVIÈS. *Imp. lith. de Fonrouge. A Paris chez l'Editeur, quai Conti, N° 5.*

Lith. pet. in-fol. en noir, Coll. Meunié.

216. — *Tonnerre de D..., voilà donc où m'ont conduit les révolutions et les femmes ! vingt cinq mille de N. de D..., quel état.*

(Sans signature). Lith. de Fonrouge.

Coll. Malherbe.

9. — CHEZ GENTY.

217. — **Encore des Ridicules.** — N° 1029. — *Elle est fière depuis qu'elle a un monsieur !!!*

P. F. — *Genty, Editeur, rue S¹-Jacques, N° 33.*

Coll. Malherbe.

218. — **Mr Mayeux, voyageur de commerce.** — *Tonnerre de D..., me voilà devenu voyageur du Commerce, je m'envais (sic) donc voir ces margoulins, enlever les Commissions à la bayonnette, faire la queue aux collègues et enfoncer les malins.....*

Dédié à Mr F... voyageur de l'ancienne Troie.
Par M*** G****. *Lith. de Genty.*

Color., Coll. Meunié.

10. — CHEZ GRAMAIN.

219. — **Le bossu patriote.**
Si l'on menaçait la France,
Je le jure, foi de Bossu ;
J'combatterais (sic) pour sa défense,
L'ennemi n'verrait pas mon c...
ÉMILE GARBET del. *A Paris, chez Gramain, rue du Petit-Lion, S¹-Sauveur, N° 12. Déposé.*

1831, 12 mars. — lith. du format in-8°; en noir, et color., coll. Meunié.

220. — M Mayeux en bonne Fortune. — *Pas possible, j'suis a Garde nom de D... Plus tard, Bobonne,
je n'dis pas.*

*(Sans signature). A Paris, chez Gramain, rue du Petit-
Lion, St-Sauveur, N° 12. Déposé.*

Litho. en coul. format.in-8°. — Coll. Malherbe.

11. — CHEZ HAUTECŒUR-MARTINET.

221. — *Dépêche toi donc d'arriver !....*
*(Sans signature). Lith. de Delaunois, Suc^r de Ratier
et Ducarme. Paris. chez l'Editeur, rue du Coq, N° 4;
et Hautecœur Martinet, même rue.*

En noir, Est. Tf. 53. — Color., Coll. Meunié.

222. — **Indiscrétion de Mr Mahieu.** — *Il y a quel-
qu'un —*
bien bien ma petite bonne.
Tonnerre de D... qu'elle est intéressante !!..
*(Sans signature). Lith. de Mendouze, r. St Pierre, 10,
à Paris, chez l'Editeur, rue du Coq, N° 4; et Hautecœur Martinet, même rue.*

1831, 19 février. — Color., Coll. Meunié.

223. — *Ah! oui je suis pour la liberté de la presse....*
C. J. T. *Lith. de Delaunois. Paris, chez l'Editeur, rue
du Coq, N° 4; et Hautecœur Martinet, même rue.*

1831, 30 avril. — N° à droite, en noir, Est. Tf. 53; sans
N°, Coll. Malherbe.

224. — **Mr Mayeux Crâne fini.** — *Ma réputation
s'achève en France; bientôt je vais faire du bruit chez
l'étranger...*

MICHEL DELAPORTE, *mars 1831. Lith. de Delaunois* (etc.).

1831, 30 avril. — En noir, Est. Tf. 52 ; et color., Coll.
Meunié.

225. — **Mr Mayeux anticongréganiste.** — *Nom de
D...! les plus mal faits ne sont pas les plus hideux à
voir !...*

MICHEL DELAPORTE. *Lith. de Delaunois* (etc.).

1831, 30 avril, en noir, Est. Tf. 53 ; Coll. Meunié. — Ces
trois litho. ont dû paraître pour faire partie de la série publiée
par Hautecœur-Martinet (voir plus haut n°s 8 à 74), mais ont
été remplacées par celles qui ont définitivement reçu un N^o
d'ordre.

226. — **Les Bigarrures de l'esprit humain.** —
N° 9. — *Dieu ! ! ! je crois que ma voisine ne m'entend
pas d'un œil indifférent.*

BOURDET. *Lith.* (sic). *Paris, chez Hautecœur Martinet, rue du Coq, Lith. de Lemercier, rue de Seine. S
G. N. 55.*

Color., Coll. Meunié.

12. — LITH. DE LACROIX.

227. — **Le Champion de tous les Portefeuilles pos-
sibles....** Grande-Découverte (*Figaro*, 5 juin). —
*T.... de D.... je crois que Mr RODOLPHE ROUPP se f....
de nous, d'aller chercher de la Tenue des livres en partie triple dans l'infini, et de vouloir nous faire croire
qu'elle est plus précise que la double et que la double
l'est plus que la simple, avec cela qu'il veut l'appliquer à
l'équilibre des Peuples.*

Qu'il aille se faire f…. avec son cercle ou unité sans bornes et avec son Idée d'Ordre nous n'en voulons point cela eclaire trop n. de D…

(Sans signature). Lith. de Lacroix et Dupaix, R. Quincampoix, N° 38.

En noir, Est. Tf. 53.

13. — CHEZ LEMERCIER.

228. — **Mayeux à la défense des Barricades pen-la journée du 28.** — *F…. il y a trop long-temps que ces gendarmes m'offusquent.*

(Sans signature). Lith. de Lemercier. Paris, chez l'Editeur, rue St Honoré, N° 190, et chez tous les marchands d'Estampes.

1830, 20 août. — Color. et en noir, Coll. Meunié.

229. — **Colère de Mayeux.** — *Appelle-moi vilain bossu, ça m'est égal ; mais Charles X ! C'est trop fort.*

(Signé DN à l'envers). Lith. de Lemercier. Paris, chez l'Editeur, rue St Honoré, N° 190, et chez tous les M^ds d'Estampes.

En noir, Coll. Meunié.

14. — CHEZ LERENDU.

230. — *Ah! tu te permets de me chanter ; grand Savoyard? moi je vais te faire danser ! je vais t'en f…. des ogres de barbarie ! je vais t'en f…. des Mayeux !!!*

H^te ROBILLARD. *Lith. de Martinet et Cie, r. du Bou-*
loi, 19, chez Lerendu, Boulevard St Denis. Martinet,
rue du Coq.

1831, 21 mai. — Color., Coll. Malherbe. — En noir, Est.
Tf. 52, avec simplement comme indication de lithographe:
Lith. de Marlet et Cie, rue du Bouloi, 19.

231. — *Cache la gorge, cache la nom de D.... je ne*
me connais plus! Tiens, prend (sic) ma bosse coupe là
en quatre f.... men sic) les morceaux à la figure!...
Appelle moi cochon, appelle moi salop, dis moi des hor-
reurs! dis moi que j'ai assassiné mon père et ma mère!
Ça m'est égal tonnerre de nom de D.... ça m'est égal
f...!!!
H^te ROBILLARD. *Lith. de Delaunois. — A Paris, chez*
Rendue, Editeur Boulevard St Denis et Hautecœur-Mar-
tinet, rue du Coq.

1831, 30 avril. — En noir, Est. Tf. 52.

232. — *F.... Mr Paganini enseignez moi donc votre*
recette sur une seule corde ; j'ai déjà le poignet bien dé-
gagé....
H^te ROBILLARD. *Lith. de Marlet et Cie, r. du Bou-*
loi, 19. Paris, chez Lerendu, Boulevard St Denis et
Hautecœur Martinet r. du Coq.

1831, 21 mai. — En noir, Est. Tf. 52. — Color., Coll. Malherbe.

233. — *La Revue!!!!!!*
H^te ROBILLARD. *Chez Le Rendu, Boulevard St Denis.*

Color., Coll. Meunié. — En noir, Est. Tf. 52, avec l'indication du lithographe: Lemercier.

15. — LITH. DE LIGNY.

234. — *Vingt-cinq-mille N. de D... peut-on laisser une boutique comme ça sans la balayer.*
(Sans signature). Lith. de J. Ligny, rue de la Bibliothèque, 23.

1831, 7 mai. — En noir, Est. Tf. 53 ; Color., Coll. Meunié.

235. — *Tonnerre de D...! S'il y a un bougre de malin plus fort que moi, qu'il y monte.*
(Sans signature). Lith. de J. Ligny, r. de la Bibliothèque, 23.

1831, 28 mai. — En noir, Est. Tf. 53 ; Color., Coll. Meunié.

236. — *Tonnerre de D......! avec une polissonne de balle comme la mienne, je pourrais bien m'offrir pour être le Roi des Belges, je leur promettrais la liberté et puis après nous verrions....*
(Sans signature). Lith. de J. Ligny, r. de la Bibliothèque, N° 23.

1831, 28 mai. — En noir, Est. Tf. 53 ; Color., Coll. Malherbe.

237. — *Tonnerre de D... trouvez moi donc un malin qui se f.... une tête comme ça...*
(Sans signature). Lith. de J. Ligny, rue de la Bibliothèque, 23.

1831, 28 mai. — En noir, Est. Tf. 52 ; Color., Coll. Malherbe.

16. — Chez Martinet.

238. — *Tu meurs de faim, tu parais las....*
Courage ami, poursuis ta route,
Encore un pays et tu pourras
Dans le Salon prendre une croûte.
(Musée Royal Exposition de 1831....)
(Sans signature). Lith. de Maignen, chez Martinet.

1831, 21 mai. Color., Est. Tf. 53, Tf. 41 et Coll. Meunié.

17. — Chez Motte.

238 *bis.* — **Le vicomte Mayeux revenant du désert.**
— *Je suis républicain par nature, nom de D...! monarchiste par raison, nom de D...! bourbonniste par honneur, nom de D...!*
Imprimerie lithographique de Motte, à Paris.

Annoncé dans le *Journal de la Librairie* du 3 décembre 1831.

18. — Chez Ricourt.

239. — *Compromettre mon épouse f...., faire des personnalitées (sic) ça ne devrait pas être N.. de D...*
B (Auguste Bouquet ?) *Lith. de Fonrouge, chez Ricourt, R. du Coq St Honoré, No 4, Paris.*

Color., Coll. Meunié.

240. — **Mr Mayeux dans le transport.** — *Ce N. de D. là, est cause que je suis malade! et il vient encore m'insulter chez moi, Docteur! laissez, que je lui f.... mon remède à la figure T. de D.*

E. B. *Paris, chez l'éditeur, rue du Coq, N° 4.*

Coll. Malherbe.

19. — CHEZ RITTNER.

241. — **30 Juillet.** — *Qui vive halte là, caporal avance à l'ordre (sic) F.... ce n'est pas fini, il y a des patrouilles grises, nom de D...*

(Sans signature). Lith. de Delaporte S^{eur} de Langlumé, chez Rittner, B^d Montmartre, N° 12.

En noir, Est. Tf. 53 ; et Coll. Meunié.

20. — CHEZ SÉDILLE.

241 bis. — *4 petites gravures, de 6 centimètres sur 4 centimètres, en noir, numérotées avec légendes : 1. Mayeux deffendant (sic) la Liberté. Paris, Ch. Sedille. — 2. Mayeux aux Barricades. Paris, Ch. Sedille. — 3. Mayeux Garde National. Paris, Ch. Sedille. — 4. Mayeux sans Poudre. Paris, Ch. Sedille.*

(Sans signature). Coll. Mr de Couder.

La dernière gravure porte l'adresse de l'éditeur : *à Paris chez* CHARLES SEDILLE, M^d *de Papiers.*

21. — SANS INDICATION D'ÉDITEUR.

242. — **Mahieu chez le Docteur Contrarius.** — *Mossieu, Je veux faire le procès à ceux qui se f....... de moi ; Croyez-vous que je gagnerai ?*
ma foi..... J'en doute..... Laissez toujours l'argent. D.

1830, 25 septembre. — En noir, Coll. Meunié.

2/13. — Mr Mayeux arrêtant les Carlistes à St Germain L'Auxerrois.

MALENFANT. *Lith. Genly.*

1831, 5 mars. — En noir, Est. Tf. 52. — Color., Coll. Meunié.

244. — Mardi Gras 1831. — Une Descente de Croix.
— *B......gre de polisson, tu ne sens pas la conséquence de la cochonnerie que tu m'as mis (sic) sur le dos, tu veux donc F....tu galopin compromettre ma bosse, tu vois bien qu'on démolit toutes les croix nom de D....*

LEVILLY. *Lith. de Villain. A Paris, chez les Marchands de Nouveautés.*

1831, 5 mars. — Color., Coll. Malherbe.

2/15. — Mr Mayeux et ses Enfans (sic) visitant le Géant. — *Nom de D... farceur vous êtes presque aussi bel homme que moi.*
(Sans signature). Lith. de Delaporte.

1831, 5 mars. — En noir, Est. Tf. 52 ; et Coll. Malherbe.

246. — Mr Mayeux valsant. — *Ah! nom de D... quelle délicieuse position.*
(Sans signature). Lith. de Delaporte, S^eur de Langlumé.

1831, 5 mars. — En noir, Est. Tf. 52 ; Coll. Malherbe.

2/17. — Carnaval de 1831.
(Sans signature). Lith. de Lacroix, r. Quincampoïx (sic), N° 38.

1831, 12 mars. — En noir, Coll. Meunié.

248. — Insertions. — *Combien la ligne? — 3o sous*

— *Ecrivez : Mr Mayeux, Parisien très avantageusement connu, fait savoir à tout petit peuple qui veut un roi qu'il est à sa disposition envers et contre tous. S'adresser au susdit, poste restante à Paris.*

(Sans signature). Lith. de Roissy.

1831, 12 mars. — En noir, Est. Tf. 53. — Color., Coll. Meunié.

249. — *Ce F..... gouvernement me fait hausser les Epaules.*

R. C. Cazes. *Lith. de Delaporte S^{eur} de Langlumé.*

1831, 9 avril. — Color., Coll. Malherbe.

250. — *Ces b...... d'artistes, çà me croit panade, comme le gouvernement ; mais N.. de D... guerre pour guerre !*

(Sans signature). Lith. Roissy.

1831, 23 avril. — Format in-8 ; en noir, Est. Tf. 41 et Tf. 52 ; et Color., Coll. Meunié.

251. — **Dévouement patriotique de Mr Mayeux.** *Nom de D... la République ! la liberté ! nous avons juré de l'écraser, de la dénoncer partout je vais de ce pas chez Monseigneur Sébastiani nom de D... lui dire qu'elle fermente, qu'il vienne la mettre en pièces.*

L.˙. DESMARAIS.

1831, 21 mai. — Color., Coll. Meunié. — Une autre litho. toute semblable en noir, mais portant au-dessous du dessin : *Lith. de Delaunois.* Même Coll.

252. — **Mr Mayeux Perruquier.**   *Hein ? quelle perruque ! faut-il être ridicule !...... et avoir l'impudence*

de prétendre nous...... parole d'honneur ça fait pitié.
Cɪɪ. Aɴɴéᴇ.

En noir, Bibl. des Arts décoratifs. — Color., Coll. Malherbe.

253. — *Ces J.... F..... d'artistes ont tous raté ma
ressemblance, je ne suis qu'un rapin, mais il faut que je
me peigne soi-même pour faire voir au public la différence qu'il y a entre Mayeux et l'Apollon du Vellédère.*
Co : V. Bosco del'. *Lith. de Villain.*

En noir, Est. Tf. 52. — Color., Coll. Meunié.

254. — *Ces Nom de D..... d'artistes m'ont assez fait
hausser les épaules, le premier qui continue, je le brûle!!!*
C. V. Bosco del. *Lith. de Villain.*

En noir, Est. Tf. 52. — Color., Coll. Meunié.

255. — *Henriette, entends-tu les cris de ces milliers
de brigands et d'assassins. .... Allons Mahieu, nom de
Dieu f..... le bon ordre dans la patrie.*
(Sans signature).

En noir, Est. Tf. 53.

256. — **Mayeux devenu Garde des Sots.**
*(Sans signature). A Paris, chez l'Editeur rue S*t honoré N*o 190 et chez tous les M*rs d'Estampes.*

En noir, Est. Coll. Hennin, t. CLXV, fol. 54 ; et Coll. Meunié.

257. — **Mayeux surprend sa femme.** — *Avec un
garde du Corps, je ne dis pas Mais avec son confesseur
nom de D... c'est trop fort.*
*(Sans signature). Lith. de Delaporte S*cur de Langlumé.*

En noir, Est. Tf. 52. — Color., Coll. Malherbe.

258. — *Ah! tu séduiras mon épouse ! grand N. de D. de Garde-du-corps.., tiens, vas ! tiens bien ton affaire.*

(Sans signature). A Paris, chez l'Editeur, rue du Coq, N° 4.

Color., Coll. Meunié.

259. — **Chroniques de la Ville de Metz.** (Juin 1831). — *Faites des patrouilles, Nom de D..! vous m'embêtez avec vos harangues et vos vœux, j'en ai plein le dos, tonnerre de D...!!!*

(Sans signature). Bruxelles.

En noir, Coll. Meunié.

260. — *D... de d... l'administration place trop haut ses affiches !..*

(Sans signature).

Color., Coll. Malherbe.

261. — **Divorce de Mayeux.** — *Les Femmes traitées comme elles le méritent, selon Mayeux !!!*

C. V. Bosco del. *Lith. de Villain.*

Color., Coll. Malherbe.

262. — **Du 22 au 23 Décembre. Minuit.** — *Vite aux armes M. Mayeux à l'Odéon.... ça chauffe nom de D....*

C.

Color., Coll. Meunié.

263. — **Du 23 Décembre. Midi.** — *Nom de D... à moi Grenadier, j'tiens un conspirateur.*

C. *Lith. de Delaporte.*

Color., Coll. Malherbe.

264. — **L'Ecrevisse et sa fille.**

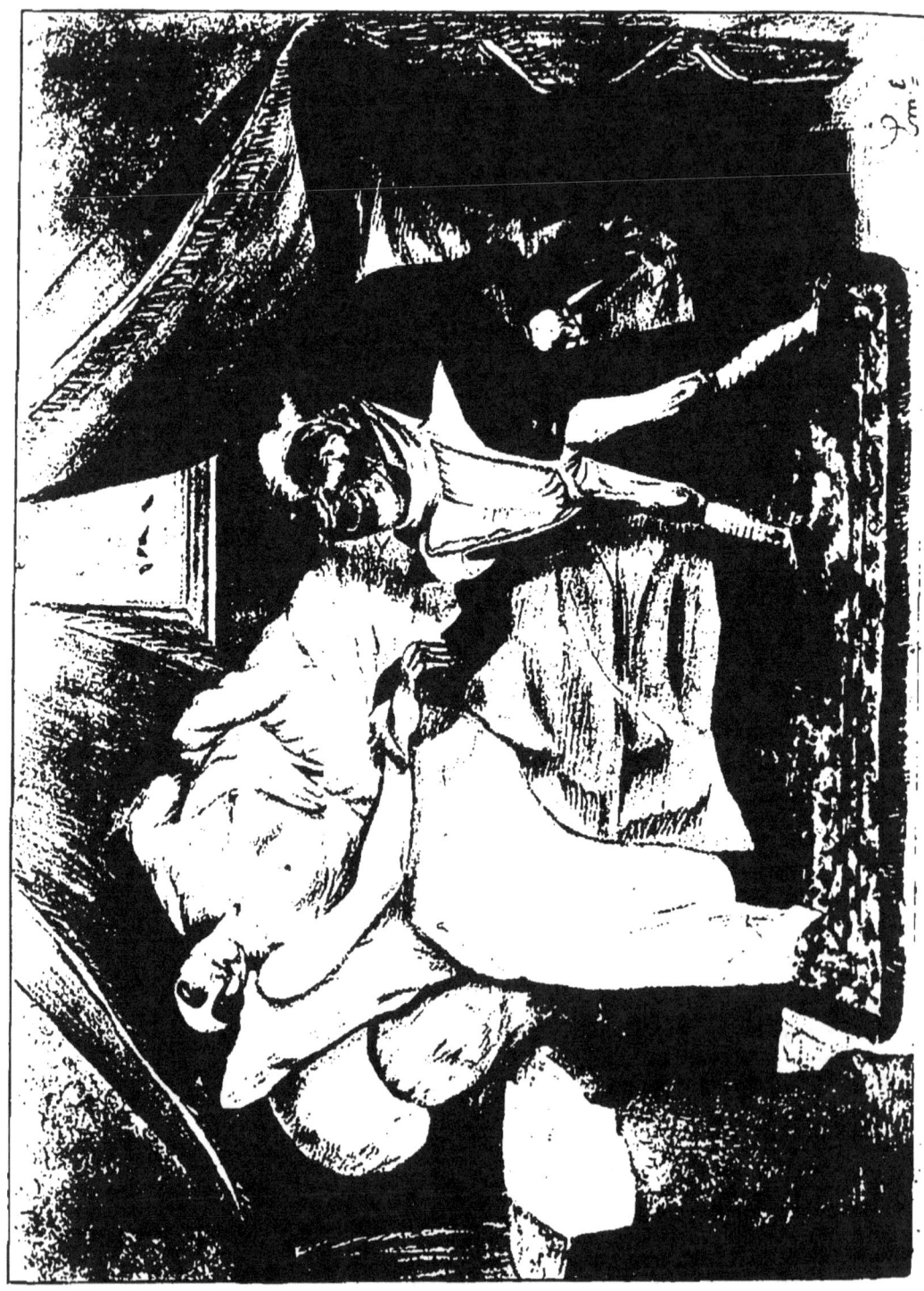

JJ G (Grandville) *gravé sur une pierre. Laisné.*

Petite litho. in-32, en noir, Coll. Malherbe.

265. — **Elections de la Garde Natiale** *(sic).* (Mai 1831). — *Mais f..... mon ami il faut à la Compagnie un homme qui lui fasse honneur. Qu'est-ce que c'est Nom de D.... qu'un officier qui n'a pas un pauvre petit bout de Ruban à sa boutonnière.*
J. P. C.

Color., Coll. Malherbe.

266. — *F...... Monsieur, si on laissait faire ces B..... là, ils nous ramèneraient la taille.*
(Sans signature).

Color., Coll. Malherbe.

267. — *Je me suis battu, j'ai demandé, je n'ai rien eu, j'affiche : Peines, promesse, espoir, temps perdu à Paris, depuis Juillet 1830, Récompense honnête à qui raportera (sic) les susdits objets, &a.*
Mayeux F^t 1831.

Color., Coll. Malherbe.

268. — **Maladie de Françoise Liberté.** (La légende de cette litho., qui a été enlevée, porte celle-ci écrite à la main : **Mayeux docteur.** — *Elle est bougrement malade T. de.. D....*).
Em^l. *Lith. de de Delaporte.*

Color., Coll. Meunié.

269. — **Mr Mayeux Métamorphosé en Calendrier.** 1835.
Longtems (sic) à ma personne on a fait une injure,

On me représentait, mais en Caricature.
Maintenant je serai de grande utilité,
Car en CALENDRIER *le destin m'a changé.*
Déposé. *(Sans signature). Sans indication d'éditeur.*

Mayeux est représenté, sur une f^{te} in-fol., en noir, debout,
les jambes écartées, tenant de la main droite une bouteille et de
la gauche une coupe qu'il lève en l'air. — La litho. suivante
(269 *bis*) lui fait pendant. — Coll. Mr de Couder.

269 *bis*. — **Mad^{me} Mayeux Métamorphosée en Calendrier 1835.**

Ainsi que mon Mari je me trouve chargée
De tous les mois et jours qui viennent dans l'année ;
Si mon Calendrier du public est acheté
J'aurai le vrai plaisir que j'avais désiré.
Déposé. *(Sans signature).* [Faisant pendant à la pré-
cédente].

Litho., en noir, sur feuille in-fol. ayant, *au verso*, une autre
litho., coloriée, représentant une femme vêtue d'une toilette de
bal, ayant le Calendrier de 1836 imprimé sur le bas de sa robe ;
avec ce titre au haut de la page :

Etrenne. — Calendrier pour l'An 1836.
(Sans signature).

Coll. Meunié.

270. — **Melle Elise :** *C'est une tête que j'ai dessinée
d'après la Bosse.* — **Mr Mayeux :** *Oui, oui d'après l'antique.*
*(Sans signature). Lith. de Delaporte S^{eur} de Lan-
glumé.*

Coll. Malherbe.

271. — **Mayeux orateur.** — *F..... M^r les Français*

sont égaux devant la loi ; vous avez six pieds je n'en ai que trois, donc vous êtes en contravention avec la Charte !

(Sans signature).

Coll. V. Garnier.

272. — *Messieurs les rassemblements sont défendus !...*

Nom de D.. est-ce que vous vous f*** de nous, on ne peut donc pas s'entretenir avec un ami — nous ne nous en irons qu'après les trois sommations d'usage nom de D...

(Sans signature). Lith. de Delaporte.

Coll. Malherbe.

273. — **Mʳ Mayeux sans-culotte.** — *C'est fini, citoyen C......, tu as redressé... mes opinions, je suis un Marat, un Robespierre, un républicain, et un vingt cinq mille potences, Tonnerre de D...!*

(Sans signature). Lith. de Delaporte, Sᵉᵘʳ de Langlumé.

Color., Coll. Malherbe.

274. — **Scène de Coin de rue.** — *C'est moi !..... Bah ! — pas possible ! je n'y voyais donc pas ?*

(Sans signature). Lith. de Langlumé.

Color., Coll. Malherbe.

275. — *Tonnerre de D... ne la bloquez pas..... cela passerait la plaisanterie f......*

(Sans signature). Lith. de Gobert r. Servandony. Nº 13.

Color., Coll. Malherbe.

276. — *Tonnerre de D... rendez moi aumoins (sic) mes culottes.*
HIP. V^t.

Color., Coll. Meunié.

277. — **L'Abolition de la Liberté de la Presse.**
F. P. *Lith. de Dejernon et Cie Place Puypaulin N° 6 (Bis).*

Petite copie lithographiée. — Coll. Malherbe.

278. — Mr **Mayeux allant à Bagatelle.**
(D'après le catalogue de vente de la collection de Loys Bruyère en février 1893).

279. — **Voilà le point d'attaque.**
(D'après le catalogue de vente de la collection de Loys Bruyère en février 1893).

IV. — PIÈCES EXTRAITES
DE SUITES DIVERSES OU D'OUVRAGES

280. — N° 4. — **Caricatures anti-cholériques.** — *Ce polisson de choléra ne tue pas les femmes, il m'a l'air d'un fameux farceur !*
(Sans signature). Lith. de Benard, rue de l'Abbaye N° 4. Chez Aubert, E^{eur} du Journal la caricature, Galerie Véro dodat.

Color., N^o à droite, Coll. Meunié.

281. — N° 14. — **Caricatures anti-cholériques.** — *Diable ! diable ! voilà un drôle de remède !*

G.^{de}. — S. 72. — *(Sans signature). Lith. de Benard, rue de l'Abbaye N° 4 (etc.).*

1832, 19 mai. — Color., N° à droite, Coll. Meunié ; en noir, Est. Tf. 39.

282. — **N° 16.** — **Caricatures anti-cholériques.** — *Moi je traite le choléra par le champagne, c'est le système Mayeux, nom de D... !*

(Sans signature). Lith. de Benard, rue de l'Abbaye N° 4 (etc.).

1832, 26 mai. — N° à droite, en noir, Est. Tf. 39. — Color., . Coll. Meunié.

283. — **Le Musée Aubert** (Dans). — 64 Dessins amusans *(sic)*, caricatures &ª. par Welter d'après M. M. Alophe, Bourdet, Bellangé, Daumier, Devéria, Dupressoir, Fontallard, Grandville, Lepoitevin, Pigal, Raffet, Roubaut, Traviès.

A Paris, chez Aubert, éditeur, Galerie Véro-Dodat.

A la Pl. N°, 46 se trouve un Mayeux avec cette légende :

Hé ! bonjour Mr Mayeux ! comment vous portez-vous ? — à merveille comme vous voyez.

Good morning, Mr Mayeux ! How do you find yourself? Charming as you see.

Coll. Garnier.

284. — **N° 50.** — *Oh ! qu'il est laid !* (2 V.)

(Sans signature). — Petite lith. en noir, de Daumier, format pet. in-8°, encadrée de deux traits, provenant du Musée Aubert, édité le 30 octobre 1838 et imprimé par feuilles de huit litho. de divers dessinateurs.

Coll. Meunié.

285. — Pl. 69. — **Paris en Miniature par Arnout.**
— *Les boulevards (de la Madeleine, des Capucines et
des Italiens).*

Lith. de Benard, rue de l'Abbaye P° 4.

Published by Charles Tilt 86 Fleet Street..

*Chez Aubert, E^{eur} du Journal la caricature, Galerie
Véro Dodat.*

Feuille in-fol., Coll. Meunié. — Au bas de la feuille, à droite
on distingue, près de la rue Pelletier, un petit Mayeux caressant
le menton d'une jeune femme.

286. — **La Mort de Paillasse.**
Grande litho. politique, en noir, format in-fol. —
Au milieu du dessin se trouve un Mayeux avec cette
légende :

*Ahi ! D... de D... ! Paillasse a le Choléra Morbus.
(Sans signature). London pub.*

Coll. Meunié.

287. — **La Papillote. — N° 1. — Mr Girel.** — *Rôle
de Mayeux, dans le Ballet de ce nom : Scène 8.*

(Sans signature.)

Color., Coll. Meunié.

288. — Sur une feuille des *Vues d'Optique,* celle
qui donne la « Vue de l'Église Saint-Sulpice »,
on voit un Mayeux se promenant avec une jeune
femme.

Feuille pet. in-fol. coloriée et en travers de la page.
*(Sans signature). A Paris chez Basset, Rue St Jacques
N° 64. Déposé.*

Coll. Meunié.

289. — **La Barque à Caron.** — Gravure coloriée,

du format in-8°, faisant partie de l'ouvrage illustré par J. Grandville : « *Un autre monde* », au chapitre « *L'Enfer de Krackq* » pour faire suite « *A l'Enfer de Dante* », gravure hors texte, p. 225.

Coll. Meunié.

290. — Litho. coloriée, dans le genre de celles des *Portes et Fenêtres*, représentant Mayeux, en costume de troubadour : toque à plume rose, pourpoint noir à col de dentelle et à ceinture bleue frangée d'or, bas blancs, escarpins, nœud rose à la jarretière ; il est juché sur une chaise et regarde au travers d'un judas grillé, en losange, qui semble donner sur une loge d'actrice ; les deux gonds et l'entrée de serrure de la porte sont nettement figurés.

Cette litho (16 × 10) ne comporte ni titre, ni légende, ni signature.

Coll. Meunié.

290 ᵇⁱˢ. — Pièce libre, sans signature ni indication d'éditeur. — Litho. en couleurs, faisant partie des « *Portes et Fenêtres* ». — Légende : *Tenez Messieurs !... Mariez-vous donc !...* — Le sujet représente une alcôve aux deux rideaux tirés ; devant les rideaux à gauche une chaise et une paire de hautes bottes ; à droite (volet portant la légende) Mayeux fait le geste d'écarter les rideaux. Le volet ouvert laisse voir un couple dans une posture libre.

Renseignement communiqué par M. Louis Loviot.

V. — PIÈCES EXTRAITES DE PÉRIODIQUES.

291. — N° 13. — **La Caricature** (Journal). — (N° 7

du 16 décembre 1830.) — *Nom de D... ! peut-on avoir les jambes f..... comme ça !...*

J. GRANDVILLE. *Lith. de Delaporte. On s'abonne chez Aubert, Galerie Véro Dodat.*

En noir et color., Est. Tf. 70 ; — Color., Coll. Meunié.

292. — N° 21. — La Caricature (Journal). — (N° 10 du 6 janvier 1831.) — *On annonce Mr Mayeux !... (la société). Oh-ha-hih ! Chut-hoho-pchitt-oyi !.....*

J. GRANDVILLE del. *Lith. de Delaporte. Chez Aubert au M^in de Caricatures Galerie Véro Dodat.*

Est. Tf. 70 — en noir et color., Coll. Meunié.

293. — N° 33. — La Caricature (Journal). — (N° 16 du 17 février 1831.) — (Grande feuille double se dépliant, composée de costumes, portant les N°s 32 et 33 ; dans la seconde partie (N° 33) se trouve un Mayeux assis à terre et se déguisant :) *Mr Mayeux en grand homme.*

Cette feuille double est signée J. J. G.... (Grandville) (Le Carnaval politique). Lith. de Delaporte S^eur de Langlumé. On s'abonne chez Aubert, Galerie Véro Dodat.

En noir et color., Est. Tf. 70 — Color., Coll. Meunié.

294. — La Caricature (Journal). — (N° 23 du 7 avril 1831.) (Pl. 45bis non numérotée.) — *Ah ! Mayeux ! Mayeux ! chian li li li ! ✳ On m'a donc fichu mon nom sur le dos nom de D...!*

J. GRANDVILLE. *Lith. de Delaporte S^eur de Langlumé. On s'abonne chez Aubert, Galerie Véro Dodat.*

En noir et en coul., Est. Tf. 70. — Cette planche est indiquée à la table du Journal sous ce titre : M. Mayeux en bergère. Color., Coll. Meunié.

295. — **N° 52.** — **La Caricature** (Journal). — (N° 26
du 28 avril 1831.) — Feuille composée de huit petites
litho., en noir, et en travers de cette feuille, Macédoine
de caricatures, dont deux concernent Mayeux : la 4ᵉ :
*Je crois qu'ils se fichent de moi avec leur république, je
ne la vois pas venir.*
et la 5ᵉ : *Je crois que nous tenons le goujon républicain.*
VATTIER del. *Lith. de Delaporte Sᵉᵘʳ de Langlumé. On
s'abonne, chez Aubert, Galerie Véro Dodat.*

Est. Tf. 70 — en noir, Coll. Meunié.

296. — *Polissons de farceurs, ils ont mis la justice
à la porte !*
*(Sans signature). Au bureau, chez Aubert. Galerie
Véro Dodat. Lith. Delaunois rue du Bouloi 19.*

Cette lith. a paru dans Le Charivari, du jeudi 7 mai 1831,
en noir, Coll. Meunié.

297. — **N° 56.** — **La Caricature** (Journal). — (N° 28
du 12 mai 1831.) — *Le Bouquet.* — *Choui.* — *i !.....
Put ! put-put !... Pan !!... pan-pan, pan ! brrrrrr...
pan, papapapa pan ! pan !! pan !... pouf ! pouf ! Pata-
patapouf !!!!*
*Lith. de Delaporte, Sᵉᵘʳ de Langlumé. Lith. par Vatier,
d'après* GRANDVILLE. *On s'abonne chez Aubert, Galerie
Véro Dodat.*

En noir, Coll. Meunié. — Est. Tf. 70. — Cette litho. a été
reproduite, réduite, sans le titre, avec seulement la légende ci-
dessus et : (D'après une lithographie de Grandville). B. & K. sc..
dans le volume d'Armand Dayot, intitulé « Journées Révolu-
tionnaires 1830-1848 », à la p. 40.

298. — **N° 62.** — **La Caricature** (Journal). — (Du
5 janvier 1832.) — Ce N° 62 contient, hors texte, une

grande feuille de réclame, in-fol. double., de 55 petites litho. en noir, sujets divers dont 4 concernent Mayeux.

L'en-tête ou titre de cette grande feuille est :

10 sous. La Galerie Véro-Dodat. 1ᵉʳ Nᵒ Au bureau du Journal La Caricature. Dessiné par Bouchot. *1832 chez Aubert, Galerie Véro-Dodat. Impⁱᵉ Lithographique de Bénard rue de l'Abbaye 4 ;*

la 22ᵉ lith. porte cette légende : *Dieu de dieu ! j'ai des gargouillemens (sic) ;*

la 28ᵉ : *Heureux Mayeux !*

la 38ᵉ : *Le séducteur pris au piège ;*

enfin la 45ᵉ : *Dieu de dieu ! je le suis.*

Coll. Garnier.

299. — **Pl. 153.** — **La Caricature** (Journal). — Nᵒ 76 (du 12 avril 1832.) — *Ah ! scélérate de poire pourquoi n'es-tu pas une vérité.*

C. J. Traviès. *Lith. de Becquet, rue Childeberg Nᵒ 9. On s'abonne chez Aubert, Galerie Véro-Dodat.*

En noir, Est. Tf. 70 a. — Color., Coll. Meunié.

300. — **La Caricature** (Journal). — (Nᵒ 153ᵇⁱˢ du 12 avril 1832.) (non numérotée). — *Dieu, fit l'homme à son image.*

Numa. *Lith. de Delaporte. On s'abonne chez Aubert, Galerie Véro-Dodat.*

Color., Est. Tf. 70 a. — Cette planche est indiquée à la table du Journal sous le Nᵒ 153ᵇⁱˢ comme étant de Bassaget. — Autre exempl., en noir, de cette lith., signée Numa et portant comme indication de lithographe :

Lith. de Becquet, rue Childeberg Nᵒ 9. On s'abonne chez Aubert, Galerie Véro-Dodat.

Est. Tf. 70 a.

3o1. — Pl. 174. — La Caricature (Journal). — (N° 87) (du 5 juillet 1832). — *Corbleu Général ! vous nous avez fait là un fichu présent.*

C. J. TRAVIÈS. *Lith. de Becquet, rue Childebert N° 9. On s'abonne chez Aubert, Galerie Véro-Dodat.*

En noir, Est. Tf. 70 a. — et color., Coll. Meunié. — Autre litho. en noir, avec le même N° et à la même date de La Caricature, mais avec la légende différente ci-après :

D... de D... ! Général il faut avouer que vous nous avez fait là un fichu cadeau, vrai !!

C. J. T, *Lith. de Becquet, rue Childeberg N° 9. On s'abonne chez Aubert, Galerie Véro-Dodat.*

Même Coll.

3o2. — Pl. 183. — La Caricature (Journal). — (N° 90) (du 26 juillet 1832). — *Vous n'êtes pas grand, mon cher !*

(Sans signature). Lith. de Becquet, rue Childeberg N° 9. On s'abonne chez Aubert, Galerie Véro-Dodat.

En noir et color., Est. Tf. 70 a. — et Coll. Meunié.

3o3. — La Charge. N° 6. — *Journal satirique paraissant le Dimanche. — Le Poiricide et le (sic) ou comme on va de fil en aiguille. 1832 ôw.*

Lithog. de S. Durier, passage Dauphine. On s'abonne au Bureau, Quai des Augustins, 55, et dans les Cabinets littéraires.

En noir, Coll. Meunié. La Charge, ou les Folies contemporaines, recueil de dessins satiriques et philosophiques pour servir à l'histoire de nos extravagances, a paru du 7 octobre 1832 au 9 février 1834 — 3 vol. in-fol. (Eug. Hatin, p. 382, 1° col.)

3o4. — N° 129. — La Caricature (Journal). (du

25 avril 1833.) — *Pl. 268. Jugement de la chambre qu'on reve. Considérant que le sieur Marrast nous a appelés bossus, condamnons le sieur Lionne à trois ans de prison et dix mille francs d'amende, pour lui prouver qu'il est un calomniateur.*

C. J. Travies. *I. de Becquet, rue Furstemberg N° 9. On s'abonne chez Aubert, galerie Véro-Dodat.*

En noir, Est. Tf. 70 b — et Coll. Meunié.

305. — *D... de D...! le grrrrand vainqueur de cœurs a coupé ses moustaches..... c'est le désarmement qui commence.*

Auguste Desp. (Desperret) (*Sans indication d'éditeur*).

Dans le coin inférieur de droite de cette litho., qui est encadrée d'un double filet noir, se trouve le chiffre couché 11. — Cette litho. a paru, en noir, dans « Le Charivari » du 28 mai 1831 — 3ᵉ année — N° 48, sans numéro, sans signature et avec cette légende un peu différente :

D... de D...! Le grrrrand vainqueur a coupé ses moustaches !..... C'est l'désarmement qui commence.

En noir et color., Coll. Meunié.

306. — **Pl. 470.** — **La Caricature** (Journal.) N° 226 (du 5 mars 1835). — *D... de D...! mon prince, vous perdez vos mollets.*

(*Sans signature*). Lith. Delaunois. *Au bureau chez Aubert, Galerie Véro-Dodat.*

Est. Tf. 70 c ; cet exemplaire porte au crayon l'indication Travies del. En noir, Coll. Meunié.

307. — **Une Vie de Grisette.** — Feuille in-4° composée de huit lith., petits médaillons, en noir, encadrés d'une guirlande de fleurs les réunissant entre eux, sous la forme d'un grand ovale. Le dernier médail-

lon représente un Mayeux avec cette légende : *Un mariage de raison.*

BOURDET. *L. de Bénard, rue de l'Abbaye, 4. Chez Aubert, Galerie Véro-Dodat.*

Cette lith. fait partie d'une série du même dessinateur, qui a fait aussi : Une vie de Femme et Une Vie de Jeune homme. — Ces lith. ont paru, en noir, dans Le Charivari.....

308. — **Le Diable emporte les fruits.** — *Adam nous a perdu (sic) par la pomme et Laffayette (sic) par la poire.*

C. J. T. *Lith. de Becquet, rue Furstemberg N° 9. Chez Aubert, Galerie Véro-Dodat.*

Color., Coll. Meunié. — Cette litho. a paru en noir dans « Le Charivari » du 21 avril 1835 — 2ᵉ année — N° 142.

309. — **Les Orang-Outangs** (Série de 3 lith. par Daumier) :

N° 1. — *D..., de D... ! mais c'est un ppppolisson, un Lovelace un séducteur, Gardien ! Gardien !! arrivez donc ! Bobonne défends-toi bien !*

Chez Aubert, Galerie Véro Dodat. Imp. d'Aubert et de Junca, Galerie Colbert.

N° 2. — *Voyez Mʳ Mayeux, cet animal tient le milieu entre l'homme et le singe. — D... de D... ! Il peut se flatter d'être b.....ent laid !*

Chez Aubert, Galerie Véro-Dodat. Imp. d'Aubert et de Junca.

N° 3. — *Bobonne, Bobonne ! tu me ferais un monstre comme ça, ne le regarde pas tant !*

Chez Aubert, Galerie Véro-Dodat. Imp. d'Aubert et de Junca.

Cette litho. N° 3 a paru en noir, toute semblable dans Le Charivari du 8 novembre 1836 — N° 313. Coll. Malherbe.

310. — **Polichinelle Victorieux.** — Qui a paru dans le journal « L'union sociale » du 23 juin 1849. — Liv. 11 — p. 88 : avec quatre caricatures par Cham ; la 4ᵉ, qui est un Mayeux, porte cette légende : *Polichinelle promet au citoyen Mayeux de lui donner une bosse si celui-ci lui donne sa voix.*

Imprimé par Plon frères, 36 rue de Vaugirard.

L'Union Sociale — revue populaire illustrée (antisocialiste) — n'a eu que 12 Nᵒˢ in-4ᵒ (d'après Eug. Hatin), du 15 avril au 7 juillet 1849. Coll. Meunié.

VI. — IMAGERIE POPULAIRE

I

PARIS.

1. — *Chez Aubert.*

311. — 1 feuille grand in-4ᵒ de 11 litho., en noir, disposées en 3 rangées horizontales de 4 litho. — **Petites scènes de Mayeux. Pl. 68.**

— *Qu'avez-vous à répondre, madame? — Je me cramponne nom de D...! — Ton petit Mayeux va mourir de plaisir ! — Est-il mal fichu, ce soldat !*

— *J'en fais-t-y des caprices ! — Ah ! tu m'appelles bossu ! — Mimi, veux-tu du nanan ? — Je suis le Mayeux des barricades.*

— *Ça va-t-y bien nom de D...! — Venez donc, chiens d'assommeurs (sic) ! — Ah ! scélérate comme je te croquerais ! — Cette farceuse là ne viendra pas, Tonnerre de D...!*

C. J. T. *Lith. de Bénard, rue de l'Abbaye Nᵒ 4 ; —*

chez Aubert E^{cur} du J^{al} La Caricature, Galerie Véro-Dodat. Published by Charles Titt 86 Fleet-Street.

Bibl. Nat. Est. Tf. 53 — et Coll. Malherbe.

312. — 1 feuille in-fol. de 12 litho., en noir, formant médaillons et disposées en 4 rangées de 3 lith. chacune. — **Aubert. Petites macédoines. N° 90. Mayeux.** — (Les légendes suivent la forme des litho. en médaillons :)

— *Le nœud Mayeux. dit Appollon (sic) — voilà ce qu'ils appellent un poste d'honneur? — Ce n'est pas pour vous? la belle enfant.*

— *En avant deux. — Farceur de ministère, je vais te faire évaquer (sic). — Madame a le dos un peu trop plat.*

— *Nous avons ri comme des ..... — Femme sensible, entends-tu le ramage? — La bosse! La bosse! il n'y a pas de peinture sans cela!*

— *Do do, l'enfant dort! — Ran plan plan! ran plan plan! j'en ai plein le dos de ton rappel! — Je suis français, bobonne! je suis français!*

(Sans signature). Lith. de Benard, rue de l'Abbaye N° 4. On s'abonne chez Aubert, Galerie Véro-Dodat.

— Cette feuille a paru déjà dans *Le Charivari* du 10 décembre 1832. Coll. Meunié.
— La même feuille, avec les mêmes litho. et légendes mais avec les adresses suivantes, se trouve à la Bibliothèque des Arts Décoratifs (au Louvre) série Allégories — au mot Mayeux. — Lith. de Benard, rue de l'Abbaye N° 4. Published by Charles Titt 86 Fleet Street. Chez Aubert Éd^{cur} du J^{al} laCaricature, Galerie Véro-Dodat.

2. — *Chez Basset.*

313. — 1 feuille in-4° de 6 litho., en couleur, dis-

posées en 2 rangées placées en travers de la feuille, sans titre général :

— *M*^r *Mayeux rappelant les chasseurs.* — *M*^r *Mayeux à l'affût.* — *M*^r *Mayeux satisfait de son coup.*

— *M*^r *Mayeux se reposant de sa chasse, sa femme le retrouve enfin.* — *M*^r *Mayeux montrant son port d'armes.* — *M*^r *Mayeux enfoncé dans les marais.*

(Sans signature). A Paris chez Basset, rue St *Jacques N*^o *64.* — *Déposé.*

Coll. Meunié.

314. — 1 feuille in-4° de 6 litho., en couleur, disposées en 2 rangées en travers de la feuille, sans titre général :

— *M*^r *Mayeux en bonne fortune.* — *Extrême galanterie de M*^r *Mayeux.* — *M*^r *Mayeux maître de danse.*

— *M*^r *Mayeux faisant un déjeuner champêtre.* — *M*^r *Mayeux partant pour la chasse.* — *M*^r *Mayeux aux prises avec le garde champêtre.*

(Sans signature). A Paris chez Basset, rue St *Jacques N*^o *64.* — *Déposé.*

Coll. Meunié.

315. — 1 feuille pet. in-fol. de 12 litho., en couleur, disposées en 4 rangées de 3 lith. chacune, sans titre général :

— *Ce ne sont pas toujours les plus grands qui sont les plus braves, dit M*^r *Mayeux.*

— *Tu ne veux donc pas devenir bon sujet et suivre les traces de ton père.*

— *Pas mal, comme vous voyez.*

— *M*^r *Mayeux venant d'acheter des andouilles pour decarémer M*^{me} *son épouse.*

— *Le gastronome Mayeux.*

— *On a beau dire, les Voltigeurs et les Chasseurs ne valent pas les Grenadiers pour la tenue sous les armes.*

— *C'est étonnant comme je ressemble au grand homme.*

— *Mais moi aussi je pense comme vous, je suis républicain... !!*

— *Foi de Mayeux ! Il y a des bonnes qui valent mieux que les maîtresses.*

— *Mr Mayeux dans une fichu (sic) position. Nécessité n'a pas de loi.*

— *Mr Mayeux aux Tuileries attendant sa belle.*

— *Mr Mayeux admirateur né de la Colonne.*

(Sans signature). A Paris chez Basset, rue St Jacques N° 64. — Déposé.

Coll. Meunié.

316. — 1 feuille in-fol. de 12 litho., en couleur, disposées en 4 rangées de 3 lith. chacune. — Sans titre général :

— *En aige (sic) conduit là-bas N. de D...*

— *Ces N. de D... de Sang-sues (sic) me piquent comme des Serpens (sic).*

— *Moi, je fume N. de D...*

— *En voilà un soigné. T... de D...*

— *Je l'ai échappé belle f.....! — C'est mon spécifique N. de D...*

— *Les fraises et la salade, tout cela me va N. de D...*

— *Je crois que je suis pincé... f.....*

— *Avec un phisique (sic) comme celui-là on na (sic) rien à craindre N. de D...*

— *Je crois que tu en tiens mon ami Mayeux.*

— *Il faut se donner de l'air N. de D...*

— *Vive le Clore (sic), Tonnerre de D...*

*(Sans signature). A Paris chez Bassel, rue St Jacques
N° 64. — Déposé.*

Coll. Meunié.

317. — 1 feuille in-fol. de 12 litho., en couleur,
disposées en 4 rangées de 3 lith. chacune et encadrées
séparément d'un double filet, avec les légendes au-
dessous et dans le cadre :

Mr Mayeux dans ses débuts à différens *(sic)* **Théâtres
de la Capitale.**
   — *Mr Mayeux dans le rôle d'Arlequin.*
   — *Mr Mayeux dans le rôle de Pierrot.*
   — *Mr Mayeux danseur de corde.*
   — *Mr Mayeux dans le rôle de Jocko.*
   — *Mr Mayeux dans le rôle du Monstre.*
   — *Mr Mayeux dans le rôle d'Antony.*
   — *Mr Mayeux dans le rôle d'Hernani.*
   — *Mr Mayeux dans le rôle d'Achille.*
   — *Mr Mayeux dans le rôle du Cid.*
   — *Mr Mayeux dans le rôle de Masaniello.*
   — *Mr Mayeux dans le rôle de Zéphir.*
   — *Mr Mayeux dans le rôle d'Apollon.*
   *(Sans signature). A Paris chez Bassel, rue St Jacques
N° 64. — Déposé.*

Coll. Meunié.

318. — 1 feuille in-fol. comprenant 12 litho.,
en couleur, disposées en 4 rangées de 3 lith., chacune.
Elles sont encadrées d'un double filet et séparément,
avec les légendes placées au-dessous des lith. et dans
le cadre. — Sans titre général :
   — *Un homme comme moi, un vrai patriote ne pas me
donner la croix.*

— *J'ai enfin obtenu ! Le roi a cependant reconnu mon mérite.*

— *Mr Mayeux très satisfait de lui-même, se promène au bois de Boulogne.*

— *Mr Mayeux admirateur né de la Colonne.*

— *C'est étonnant comme je ressemble au grand homme.*

— *Dieu de Dieu ! les honneurs militaires : comme ça vous redresse un homme.*

— *Mr Mayeux dans le rôle d'Hamlet.*

— *Mr Mayeux dans le rôle de Manlius.*

— *Mr Mayeux dans le rôle d'un Marquis.*

— *Mr Mayeux très fatigué de sa longue promenade, se repose avec toute la grâce possible.*

— *La bonne invention que le sac, ça vous donne l'air militaire en diable.*

— *Les plus grands ne sont pas toujours les plus braves, dit Mr Mayeux.*

(Sans signature). A Paris chez Basset, rue St Jacques N° 64. — Déposé.

Coll. Meunié.

319. — 1 feuille petit in-fol., comprenant 12 litho. en coul., disposées en 4 rangées de 3 lith. — Sans titre général :

— *Mr Mayeux M^d d'Habits. — Mr Mayeux M^d de Parapluies. — Mr Mayeux Émouleur. — Mr Mayeux Afficheur. — Mr Mayeux Coeffeur (sic). — Mr Mayeux Chapelier. — Mr Mayeux Maçon. — Mr Mayeux Savetier. — Mr Mayeux vitrier ambulant. — Mr Mayeux décroteur. — Mr Mayeux Menuisier. — Mr Mayeux Chiffonnier.*

(Sans signature). A Paris chez Basset, rue St Jacques N° 64. — Déposé.

Coll. L. Loviot.

320. — 1 feuille pet. in-fol., comprenant 12 litho. en coul., disposées en 4 rangées de 3 lith. — Elles sont toutes encadrées séparément d'un double filet noir. Sans titre général :

— Mr *Mayeux donnant une tête.* — Mr *Mayeux partisan des anciennes manières.* — Mr *Mayeux Républicain.*

— Mr *Mayeux Savetier.* — Mr *Mayeux crieur de papiers publics.* — Mr *Mayeux dans la pose du Gladiateur.*

— Mr *Mayeux Peintre Romantique.* — Mr *Mayeux joueur d'orgue.* — Mr *Mayeux rempailleur de chaises.*

— Mr *Mayeux tondeur de chiens.* — Mr *Mayeux M^d Chaircuitier (sic).* — Mr *Mayeux M^d de Coco.*

(Sans signature). A Paris chez Basset, rue St Jacques N° 64. — Déposé.

Coll. L. Loviot.

321. — 1 feuille in-fol. dont on ne connaît que la partie inférieure contenant 6 litho., en couleur, dont deux seulement concernent Mayeux, les 4 autres étant des diableries.

la 5e. — *Mayeux dans une fichue position.*

la 6e. — *Le pauvre Mayeux dans la friture.*

(Sans signature). A Paris chez Basset, rue St Jacques N° 64. — Déposé.

Coll. Meunié.

322. — 1 feuille in-fol. comprenant, placés en travers de la feuille et séparés par un trait, deux Mayeux lithographiés et coloriés avec toutes les parties du corps séparées, de façon à pouvoir être découpées et en faire deux pantins.

(Sans signature). A Paris chez Basset, rue St Jacques N° 64. — Déposé.

Coll. Meunié.

3. — *Chez Berrieux.*

323. — 1 feuille in-fol. de 12 litho., en noir, gravées et disposées en 4 rangées transversales de 3 lith. chaque; les litho. sont encadrées séparément d'un filet noir avec les légendes hors du cadre :

N° 9. — Encor *(sic* **Mr Mayeux.**

— T... de D... Ils ont dit que la Pologne ne périrait pas, mais promettre et tenir sont deux.....

— T... de D... faut-il que l'arbre qui porte un si beau fruit soit déraciné.....

— Cette fois s'ils y viennent on leur évitera l'état de siège, T... de D... nous les fusillerons.....

— Je regarde parce que le regard m'inspire ! car je suis tout d'inspiration..... T... de D... ils se f..... de moi ces B..... là ils me prenne (sic) pour un jongleur.

— Mr Mayeux Gend..... T... de D... voilà une bonne prise de manquée ils disent que ce n'est pas elle..... pourtant elle était maigre et avait un grand cou.

— M^r le Préfet, je vous offre au nom de l'héroïne le Denier de la Veuve et de l'Orphelin pour tacher de lui gagner les cœurs atteints du Choléra.....

— Avant peu je serais Marguillé (sic) d'honneur de ma Paroisse nos bons Alliés arrivent... et gar (sic) aux rouges et aux bleux (sic) T... de D... la bonne cause triomphera.

— Réception à l'Académie de Mr Mayeux. Qu'il me soit permis MM. de vous dire que le Prince veut la paix à tout P..... et qu'il est l'ami de tout le monde.

— T... de D... mon canon a éteint leur feu qu'il bouge ces B..... là je fait (sic) braquer contre eux tous les Canons de la Capitale.....

— Enfin la Conférence le veut bien je me marie. Moi,

très haut et très Puissant Prince du Roy. de Belg. mais gar (sic) au 75ᵉ Prot..... Marions-nous de suite T... de D...

— *Mʳ Mayeux partant pour l'Armée. Ils aurons (sic) tous peur de moi tant je lui ressemble T... de D... qu'ils attaquⁿᵗ.*

— *T... de D... me voilà Républicain je vais leur apprendre à gouverner le Monde et à se f..... de moi...*

(Sans signature). A Paris chez Berrieux Mᵈ d'Estampes. rue Sᵗ Jacques Nᵒ 23. — Déposé à la Dᵒⁿ.

Est. Tf. 53 — et Coll. Malherbe.

4. — Chez Jean.

324. — 1 feuille pet. in-4° de 6 litho., en couleur, disposées en travers de la feuille sur deux rangées. — Sans titre général.

— *Mᵐᵉ Mayeux allant à Bagatelle.*

— *D... de D... ! nommé Général en chef.*

— *J'ai gagné le grand prix à la course.*

— *Mʳ Mayeux sortant d'une maison de jeu.*

— *Que dirait Madame Mayeux s'ils me mangeait (sic) mes andouilles.*

— *Mʳ Mayeux partant pour le bal de l'Opéra.*

(Sans signature). A Paris, chez Jean, rue Sᵗ Jean de Beauvais Nᵒ 10.

Coll. Meunié.

325. — 1 feuille in-fol. de 6 litho. en couleur. Sans titre général :

— *Ah ! jeune personne que je vous serais fidèle si vous vouliez m'écoutez.*

— *Ah ! ma machoire..... sans mal ni douleur.*

— *La politique en plein vent.*

— *Mlle Marie je vous souhaite une bonne fête.*

— *Portrait charmant Portrait de mon amie.*

— *Vas donc Gueule d'empeigne j'le dit (sic) qu'ses (sic) frait (sic).*

(Sans signature). A Paris chez Jean, Rue St Jean de Beauvais, N° 10.

Coll. Malherbe.

326. — 1 feuille in-fol. de 12 litho. en couleur, disposées en 4 rangées de 3 lith. chacune. — Sans titre général.

— *L'équilibre des épées.*

— *L'équilibre du verre et la passe du cerceau*

— *Le Jongleur.*

— *Jeu de Flûtes par les narines.*

— *Premier saut en avant.*

— *Jeu des drapeaux.*

— *L'équilibre des poignards et du violon.*

— *La passe des poignards.*

— *La Flèche en équilibre.*

— *L'avaleur d'épées.*

— *L'équilibre sur la corde.*

— *L'équilibre sur les chevilles.*

(Sans signature). A Paris, chez Jean, rue St Jean de Beauvais, N° 10.

Coll. Meunié.

5. — *Chez Ledoyen.*

327. — 1 feuille in-fol. de 8 litho. en noir disposées

en 4 rangées de 2 lith. chaque. — Sans titre général.
— N° 86.

— *Oui Mr Mayeux je vous ferez (sic) fondre celle protubérérance (sic).*

— *Mr Mayeux dans une loge à l'Opéra.*

— *Mr Mayeux au bal.*

— *Femme sensible entends-tu le ramage.*

— *Mr Mayeux marchand de chansons.*

— *D'honneur j'adore les grasse (sic).*

— *Dieu que ce marmot me ressemble c'est tout mon port...*

— *Défends ta bosse luron.*

(Sans signature). A Paris chez Ledoyen rue St Jacques N° 21. — Déposé.

Coll. Meunié.

6. — *Chez Pillot.*

328. — 1 feuille in-fol. de 6 litho. en noir, disposées en deux lignes transversales de 3 lith. chaque :

Mr Mayeux.

— *Mr Mayeux à un bal champêtre.*

— *Le gastronome Mayeux en jouissance.*

— *Mr Mayeux atteint du Choléra-Morbus.*

— *Que diable ! on crie gare l'eau !*

— *Mr Mayeux maître d'école.*

— *Mr Mayeux à l'Opéra.*

(Sans signature). A Paris, chez Mme Ve Pillot, Rue St Jacques, N° 6, au St Nom de Marie. — Déposé.

Est. Tf. 53 — et Coll. Malherbe.

329. — 1 feuille in-fol. de 6 litho., en noir, pla-

cées sur deux lignes, en travers de la feuille, avec le titre et les légendes ci-après :

Mr Mayeux.

— *D... de D... comme ça me rajeunit !...*

— *Quel beau coup ! Trois sur quatre !...*

— *Quel charme doux et divin naît de l'harmonie !...*

— *Empoignez mon gibier, Madame Saumdi, il n'y a pas d'arêtes...*

— *Écoutez la prière d'un tendre troubadour !*

— *Le tête à-tête au bois de Boulogne.*

(Sans signature). A Paris, chez Mme Ve Pillot, Rue St Jacques, N° 6, au St Nom de Marie. — Déposé.

Est. Tf. 53 — et Coll. Malherbe.

330. — 1 feuille in-fol. de 12 litho., en noir, disposées en 4 rangées de 3 lith. chacune. Sans titre général. — En tête des litho. se trouvent les nom et adresse de l'éditeur :

A Paris, Mme Ve Pillot, rue St Jacques N° 6, au St Nom de Marie. — Déposé.

— *Mme Mayeux coiffant son mari.*

— *Mr Mayeux allant souhaiter la fête à sa maîtresse.*

— *Dieu ! le mauvais petit garçon ; c'est le portrait vivant de feu Mr Mayeux.*

— *Mr Mayeux partant pour la chasse.*

— *Extrême tendresse de Mr Mayeux pour son cher neveu.*

— *Mr Mayeux en chasse dans les marais.*

— *C'est f..... les moustaches vont bien à tout le monde !*

— *Mr Mayeux fatigué de la chasse, se repose.*

— *Mr Mayeux en observation.*

— *Mr Mayeux, dans la débine, conserve sa galanterie.*

— *Heureusem^t (dit Mr Mayeux) qu'on ne la porte pas sur le dos.*

— *Je suis romantique, moi..., et je ne dessinerai jamais d'après la bosse...*

(Sans signature).

Est. Tf. 53 — et Coll. Meunié.

331. — 1 Feuille in-fol. de 12 litho., en noir, disposées en 4 rangées transversales de 3 lith. chacune.

Mr Mayeux. — *Oui f..... je vais au secours des braves Polonais.* | — *Le Politique Mayeux.* | — *C'est pour la bonne cause, c'est pour la liberté.*

— *Mayeux en ribote.* | — *Le joli goujon !* | — *Mayeux devenu républicain.*

— *Ferme, Mr Mayeux solide au poste !* | — *Le Troubadour Mayeux.* | — *Mr Mayeux maître d'armes.*

— *Mr Mayeux allant en soirée.* | — *On ne guérit pas de la peur.* | — *En avant, marchons ! contre leurs canons...*

(Sans signature). A Paris, chez Mme Ve Pillot, Rue St Jacques, N° 6, au St Nom de Marie. — Déposé.

Cette feuille, ou la suivante, est signalée dans le Journ. de la Librairie à la date du 22 octobre 1831.
Est. Tf. 53.

332. — 1 Feuille in-fol. de 12 litho., en noir, placées sur 3 rangs de 4 lith. dans le sens longitudinal de la feuille, chaque rangée séparée par un filet. Chaque lith. est encadrée séparément ainsi que la légende qui se trouve au bas de chacune et dans le cadre. — Sans titre général.

Mr Mayeux fait son entrée dans le monde. | — *Mr Mayeux en sentinelle.* | — *Mr Mayeux donnant une sérénade sous les croisées de sa belle.* | — *Mr Mayeux un j'our* (sic) *de fête.*

— *Mr Mayeux la veille d'un duel.* | — *Mr Mayeux se promenant au bois de boulogne.* | — *Tu ne veux donc pas devenir bon sujet et suivre les traces de ton père.* | — *Mr Mayeux sortant de chez le traiteur.*

— *Mr Mayeux au bal.* | — *Mr Mayeux se fait arrêter.* | — *Mr Mayeux à Longchamps.* | — *M^r et Mme Mayeux surpris par un Orage.*

(Sans signature). A Paris chez Pillot, Rue St Jacques N° 6 au S. N. de M^e.

Est. Tf. 53. et Coll. Malherbe. — La même feuille en couleur, Coll. Meunié.

7. — *Chez Richard et Berrieux.*

333. — 1 Feuille in-fol, de 16 litho., en noir, disposées en 4 rangées transversales de 4 lith., encadrées séparément chacune d'un filet, avec la légende hors du cadre.

Les occupations journalières de Mr Mayeux. — *Quel saut N-D ! heureusement la tête n'a pas portée* (sic). | — *... et N-D. j'en ai plein le dos. de leurs sacs.* | — *N-D. que c'est désagréable d'être surpris dans une pareille position.* | — *N. D. c'est-il bête c'te mode là. on a les jambes gelées.*

— *Contemplez le Géant, si vous l'Osez. N-D !* | — *Mr Mayeux à Long Champs* (sic). | — *Polissonne de boule as-tu fait des conquêtes.* | — *N-D. quel Polisson de Déluge.*

— *N-D. C'est il embêtant six heures de faction.* | — *Mr Mayeux en grand costume de Républicain.* | — *Mr Mayeux atteint du* (ici est un petit nid dans lequel se

trouve un jeune oiseau, le bec ouvert) *Colas Morbus.* |
— *Vite donc Moulard, tu vas me faire appointer !!!*

— *Quel bonheur N-D ! des andouilles pour M*me *Mayeux.*
| — *Qu'elle* (sic) *belle chose qu'un Opéra N-D.* | — *N-D
que ça pue ! mais c'est égal ça fait toujours plaisir.* | —
C'est-il gentil une petite fille comme ça N-D.

(Sans signature). A Paris chez RICHARD *et* BER-
RIEUX *J*ne *S*rs *de M*r *Genty Rue S*t *Jacques n° 33.* — *Déposé.*

Est. Tf. 53.

334. — 1 Feuille in-fol. de 12 litho., en noir. disposées en 4 rangées de 3 lith. chacune. Ces litho. sont
encadrées séparément avec les légendes hors cadre. —
Sans titre général.

— *Quand on a tout perdu et qu'on a* (sic) *plus d'es-
poir... on se fait Suisse N D.* | — *M*r *Mayeux Marquis
par circonstance et comme tant d'autres, N. D.* | —
*M*r *Mayeux comte Lance l'Eau et Généralissime des
Pompes, N. D.*

— *Passe* (1) *rouge, blanc et bleue* — *la blanche est bien
le juste milieu N. D.* | — *M*r *Mayeux au vis-à-vis de quel-
qu'un en* (2) *quelquepart* (sic). | — *M*r *Mayeux maître
de danse d'un grand pers*age *pour apprendre la Galopade
aux grands Potentats.*

— *M*r *Mayeux partant pour Holi-rood, à une partie
de Chasse extraordinaire.* | — *N. D. quel beau jour que
le 1*er *Mai il y a ladedans* (sic) *quelque chose de national.*
| — *M*r *Mayeux en garde contre le Nicolas-Morbus.*

— *Ah N-D ! qu'il est lourd* (3) ! *je crois que je tiens le
Budget.* | — *M*r *Mayeux peignant le moulin à paroles, et
ses dépendances.* | — *M*r *Mayeux avocat, plaidant pour
les mécaniques du Pain.*

(Sans signature). A Paris, chez Richard et Berrieux Jne, Srs de Mr Genty, Rue St Jacques, No 33. —
Déposé.

Est. Tf. 53. — et Coll. Meunié.
(1) Dans l'Exempl. des Estampes on lit : L'As rouge, blanc
et bleue.
(2) Id., et.
(3) Id., Mr Mayeux N. D. qu'il est lourd. je crois que je tiens le
Budget.

8. — *Sans nom d'éditeur.*

335. — 1 Feuille in-fol. de 5 litho., en noir, placées en travers de la feuille. Sur ces 5 litho. deux seulement concernent Mayeux, formant médaillons : elles
seules aussi portent des légendes :
Bal des Grotesques. A. XV. — la 2e : Mr *Mayeux
en faction.* — et la 4e : Mr *Mayeux prend l'air.*
(Sans signature). Lith. de Dupuy et Cie.

Coll. Meunié.

335 *bis.* — 1 Feuille in-fol. contenant 15 litho., en
noir, disposées sur 4 rangées (4 lith. sur les trois premières et 3 lith. sur la 4me).
Diableries Politiques. — Sur la première rangée se
trouve un Mayeux avec la légende placée au-dessus de
la litho. : *Mayeux ménaçant* (sic) *Louis Philippe du
poing ; pour avoir trompé la France.*
(Sans signature). — Le nom de l'Editeur (sans doute)
a été gratté, à gauche, sur l'exemplaire. — *Coll. de Mr
de Couder.*

336. — 1 Feuille pet. in-fol. contenant 42 petites
caricatures gravées, en noir, encadrées d'un filet et
séparées les unes des autres (six par rangée).

Caricature du jour. — [Toutes les légendes de cet exemplaire sont gravées à l'envers. — Les 15 premières caricatures, ainsi que la 18ème, sont politiques. La légende de la 1ère porte : *Je suis le bon pasteur etc...* ; la 18e : *le juste milieu entre la guillotine etc...* — Les autres légendes, concernant Mayeux, sont les suivantes :]

— *Je crois que nous tenons le goujon républicain.* | — *Je crois qu'ils se fichent de moi avec leur république je ne la vois pas venir.*

— *Passe moi vite l'omelette.* | — *Appelle moi encore scélérat si fait si fait ça me fait plaisir.* | — *Ah ! Séductrice tu frottes la bosse à Mayeux.* | — *Il me faut un bijou soigné.. un Colosse nom de D...* | — *Dis donc farceuse.... tu d'meures bien haut...* | — PORTRAIT DE Mr MAYEUX.

— *Eh pas mal comme vous voyez.* | — *Polissonne de boulle* (sic) *en fais-tu des Caprice* (sic). | — *Adieu farceuse sois tranquille je reviendrai.* | — *Nom de D... il faut convenir que ta maitresse est une fameuse gaillarde.* | — *Un père de famille avec quatre enfants Je suis un profond scélérat.* | — *Elle n'est pas piquée des vers nom de D...*

— *Ah ! petite friponne je te tiens... te voilà prise.* | — *femme sensible entends tu le ramage etc. etc.* | — *Né pour l'amour* | *Je te serai fidèle* | *Allon* (sic) *ma belle etc.* | — *Mayeux va recevoir la réponse sur le dos.* | — *Tonnerre de D. je ferais joliment des folies si j'avais cette femme la.* | — *Galanterie de Mr Mayeux.*

— *Nous élion* (sic) *trois jeunes gens nous avons ri comme des. comme des. comme des scélérats.* | — *Dieu de Dieu c'est elle femme adorable enfin je te retrouve.* | — *Je suis français Bbonne* (sic) *je suis français nom de d....* | — *Oui charmante blonde je suis le passionné*

Mayeux et décidé à faire ton bonheur. | — Ne faites pas attention je suis brulant j'ai besoin d'eau séduisante modiste. | — Le grand gaillard est encore plus alerte que moi nom de D.....

(Sans signature. — Sans aucune indication d'éditeur ni d'imprimeur.)

Coll. Meunié.

9. — *Chez Sement.*

337. — 1 Feuille in-fol. de 16 litho., en couleur, placées 4 par rangée et encadrées chacune d'un double filet noir :

Aventures de Mr Mayeux. — *Mayeux Chef d'une tribut* (sic) *de Sauvages. | — Départ de Mayeux pour prendre la Lune avec des Pincettes. | — Mayeux revenant triomphant de Mascarat rapportant des trophés* (sic) *de sa gloire. | — Humeur guerrière de Mayeux, son départ pour la prise de Mascarat.*

— Mayeux chef de Brigands. | — Mayeux observant la Lune avant son départ. | — Mayeux chef d'Orchestre dans un concert d'amateurs. | — Mayeux lisant les affiches récréation peu couteuse.

— Mayeux tombe en Patinant a (sic) *maudite bosse tu ne m'en fait* (sic) *jamais d'autres. | — Combat de Mayeux avec un dindon à la garde, au voleur, ma perruque. | — Mayeux exécute la romance du Portrait charmant sur le piano. | — Départ de Mayeux dans son Tilburi pour la promenade de Longchamp.*

— Mayeux furieux d'être Eclaboussé, payéz (sic) *donc des impositions. A* (sic) *si j'étais préfet de Police. | — Prise du palais d'Hab-del-Kader par Mayeux à Mascarat. | — Mayeux et son Epouse allant à la promenade,*

dis donc bichonne ouvre donc ton Ombrelle. | — *Aventure
critique de Mayeux.*

*A Paris, chez Sement, au bon Pasteur. Rue des Noyers,
N° 49, au coin de celle S¹ Jacques.* — *Déposé.*

Coll. Malherbe.

2.

Province.

Épinal.

338. — 1 Feuille pet. in-fol. de 12 litho., en coul.,
encadrées d'un filet noir. — Sans titre général.

1. — *Enfin, me voilà Ministre!* | — *Comme ça change
le choléra-morbus!* | — *N... de D...! quel orage!* | —
M' Mayeux enfoncé dans la politique. | — *Je suis répu-
blicain, et je m'en vante.* | — *Pauvre Mayeux quelle
épreuve!* | — *Polissonne de boule, en fais-tu des vic-
times!* | — *T... de D...! qu'elle est jolie!* | —
M. Mayeux foule aux pieds les caricatures. | — *N...
de D...! quel pan!* | — *T... de D...! comme je lui
ressemble!* | — *Qui vive! n... de D...!*

Propriété de l'Editeur. (Déposé.) *De la Fabrique de
Pellerin, Imprimeur-Libraire, A Epinal.*

Coll. Meunié.

339. — 1 Feuille in-fol. de 12 litho., en coul., placées en travers de la feuille et encadrées séparément
d'un filet noir. — Les légendes sont en dehors de l'encadrement.

Mayeux. — N° 1. — *M. Mayeux enfoncé dans la*

politique. | — *Enfin, me voilà Ministre.* | — *Comme ça
change, la maladie.* | — *Quel orage ! rien ne me garantit
les mollets.* | — *Polissonne de boule, en fais-tu des vic-
times !* | — *Belle ingénue ! suis-je assez fait pour vous
plaire.* | — *Pauvre Mayeux ! quelle épreuve !* | —
M. *Mayeux foulant aux pieds les caricatures.* | —
M. *Mayeux s'en est donné une bosse.* | — *Je suis répu-
blicain et je m'en vante.* | — *Comme je ressemble au petit
caporal.* | — *Qui vive !... Au large, pékin !*

Fabrique de Pellerin, Imprimeur-Libraire, à Epinal.

Coll. Meunié. (Le n° 2 de cette feuille doit être la suivante.)

340. — 1 Feuille in-fol. de 12 litho., en coul., placées en travers de la feuille et encadrées séparément
d'un filet noir.

— M. *Mayeux gastronome.* | — *Celui-ci doit me faire
aller comme une pompe à feu.* | — *Décidément, je crois
qu'elle me fait aller.* | — *Je puis bien aujourd'hui m'en
donner, j'ai assez souvent fumé sans pipe.* | — *Si la tête
avait porté, j'étais flambé, dit Mayeux.* | — *D... de D...
comme ça vous rajeunit.* | — *Vive les fraises et la salade !
comme ça rafraîchit.* | — *Oui, M*ᵐᵉ *Mayeux, quand on
est bien tourné comme moi, on peut faire des conquêtes.*
| — *Jour de D... ! il faut donc se séparer pour toujours !*
| — *Les honneurs militaires, comme ça vous redresse un
homme !* | — *Il aura aussi bonne mine que son père !* | —
Le Roi a enfin reconnu mon mérite, me voilà décoré !

Fabrique de Pellerin, Imprimeur-Libraire, à Epinal.

Coll. Meunié.

341. — 1 Feuille in-4° litho., en coul., avec enca-
drements filet noir.

Alphabet Récréatif. — **N° 2.** — M. MAYEUX. (N : Nabuchodonosor — etc...)
Fabrique de Pellerin, Imprimeur-Libraire, à Epinal.

Coll. Malherbe.

342. — 2 Feuilles in-fol. litho., en coul., avec titre et légendes en français et en allemand — et portant les N°ˢ 372 et 373.
Alphabet Récréatif. — *Belustigendes Alphabet.*
Toutes les litho. sont coloriées et encadrées séparément. — Sur la feuille 373 se trouve, à la lettre M, *Mayeux.*
Fabrique de Pellerin, Imprimeur-Libraire, à Epinal.

Coll. Meunié.

Lille.

343. — 1 Feuille pet. in-fol. de 9 litho., en coul. (la première litho. seule concerne Mayeux).
Le fameux Mayeux. (Le dernier Dey d'Alger etc...)
A Lille, chez Castiaux. Libraire. 574 Imprimerie de Blocquel.

Coll. Meunié.

Metz.

344. — 1 Feuille in-4° de 9 litho., en noir, encadrées séparément d'un filet noir. Six seulement concernent Mayeux.
Pl. 6. — **Sujets divers.** — *Mayeux dans sa loge.* | — *Mayeux au café.* | — *Mayeux chez le coiffeur.* | — *Mayeux chez le peintre....*

— *Mayeux dans sa chambre....*

— *Apothéose de Mayeux...*

Lith. de Dembour graveur à Metz, successeur de La-cour de Nancy.

Coll. Meunié.

345. — 1 Feuille pet. in-fol. de 16 litho., en coul., encadrées d'un filet noir.

Patagons. (de ces 16 litho. qui commencent par Pierrot — Belle-tête etc..... la 14ème seule est un Mayeux.) *14ᵉ Mayeux.*

Metz, Imprimerie, Lithographie et Fabrique d'Images de Dembour et Gangel N. 118.

Coll. Malherbe.

346. — 1 Feuille in-fol. de 4 litho., en coul., encadrées séparément.

Aventures de M. Mayeux. — *Polissonne de boulle* (sic) ! *en fais-tu des caprices !!!* signé B. T.

— *En usez-vous, Madame ?* signé B. T....

— *Garçon ! des truffes ! nom de D...! comme s'il en pleuvait !...* signé B. T....

— *T... de D...! ma bonne, quand j'ai mangé des truffes je suis féroce comme un tigre, j'ai une tête comme un mulet.* signé B. T...

De la Fabrique de Lacour et Cⁱᵉ, Imagistes, A Nancy.

Coll. Meunié.

— Il a paru une autre feuille avec les mêmes 4 litho. en coul., même format et encadrement mais avec ces différences : les deux litho. du bas ne portent pas la signature B. T. — le nom de l'éditeur est celui-ci :

Fabrique de Dembour, graveur et lithographe à Metz.
(3ᵉ Tableau) (Nᵒ 42).

Coll. Malherbe.

— Enfin une 3ᵉᵐᵉ édition de la feuille a paru avec les
différences suivantes : Aucune des 4 litho. ne porte la
signature B. T. et l'adresse des éditeurs est celle-ci :
*Fabrique de Dembour, Graveur et Lithographe à Metz.
Successeur de M. M. Lacour et Cᵢᵉ de Nancy.*

Coll. Meunié.

347. — Gravure sur bois de 181 mm. × 132 mm.,
entourée d'un filet plein et représentant un gendarme,
de face, qui saisit des deux mains au collet un Mayeux,
vu de profil, vêtu d'un habit à la française à longues
basques flottantes et dont le chapeau haut et la canne
sont tombés à terre ; derrière le gendarme une femme
âgée, coiffée d'un bonnet tuyauté et représentant madame Mayeux, brandit de la main droite un parapluie
dont elle semble vouloir frapper le gendarme. A sa
gauche se tient un garçonnet vêtu d'une blouse et d'un
col rabattu ; la scène se déroule en avant d'une route
bordée d'arbres sur laquelle se tiennent, à gauche deux
femmes dont l'une tient un panier et l'autre un parapluie, à droite un homme et une femme en costume de
paysans, qui se donnent le bras ; tous les cinq regar-
dent la scène et font des gestes de surprise.

*Sans signature, sans légende et sans aucune indication
d'éditeur ni d'imprimeur.* — Coll. Wiener de Nancy.
Il a été impossible d'identifier cette gravure, qui avait
au verso une page imprimée n'ayant aucun rapport
avec elle.

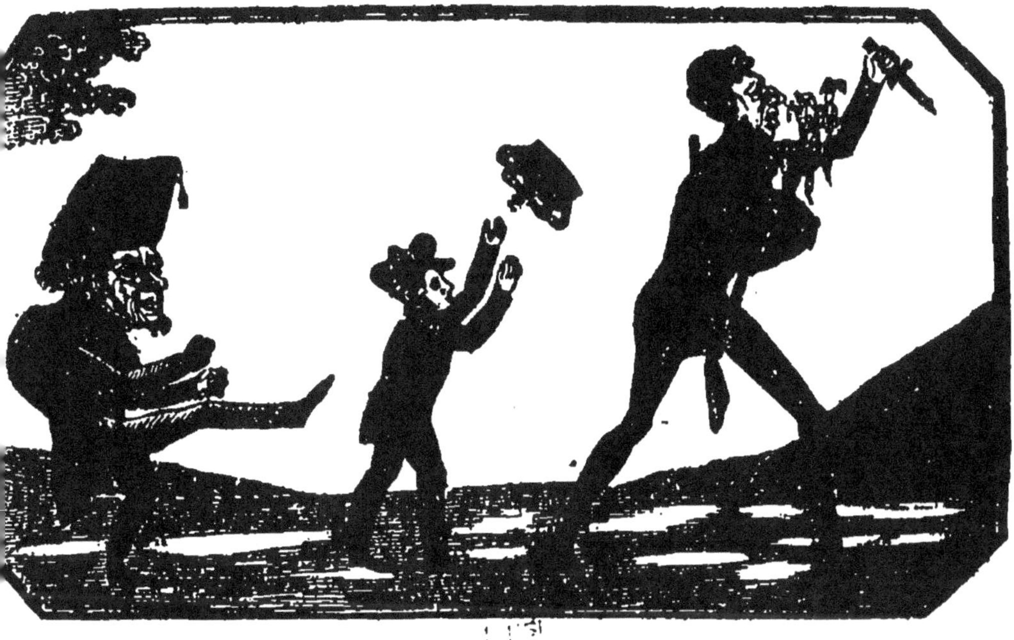

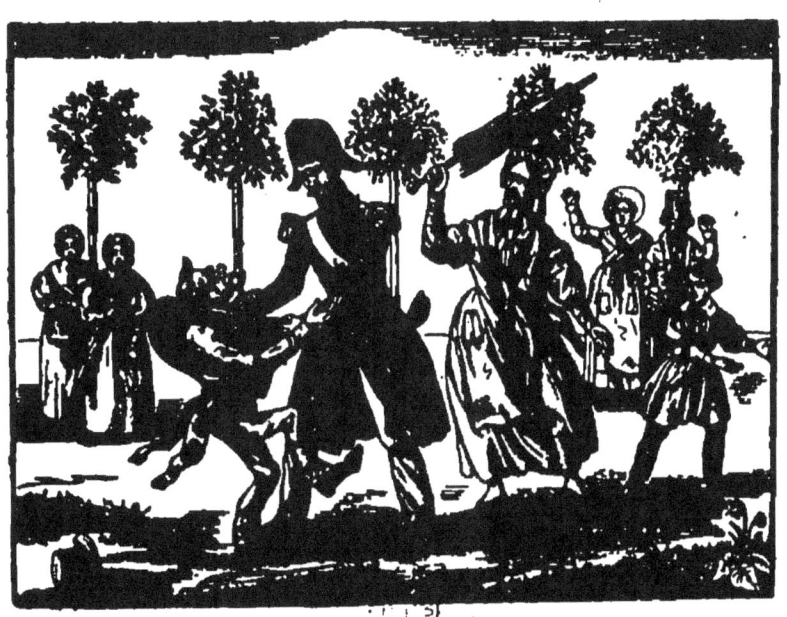

L'Orphelin Polonais, nouveau chansonnier.

N° 411 bis

N° 30.

VII. — PETITS ALBUMS.

348. — 1 Album in-12 carré de 48 litho. numérotées, gravures en noir et au trait. Titre sur couverture
jaune :

Le Célèbre Mayeux. — Avec la reproduction, en
petit, de la litho. de Delaunois N° 63 ; la légende est
ici : *Il est vivant, il a des dents, il n'est point rempaillé
vous le verrez liant les cordons de ses Souliers sans se
baisser entrrrrrrrez voir, venez voir, montez voir, il est
là.... il est vivant !!*

Voici le détail des 48 gravures :

1. — *Portrait de Mr Mayeux.* — 2. — *Dis donc farceuse...... tu demeures bien haut.* — 3. — *Il me faut un
bijoux* (sic) *soigné !... un Colosse ! nom de D...!* —
4. — *Ah ! Séductrice tu frottes la bosse à Mayeux.* —
5. — *Appelle moi encore Scélérat !..... si fait.... si fait
ça me fait plaisir.* — 6. — *Passe moi vite l'Omelette !*
— 7. — *Elle n'est pas piquée des vers nom de D..!* —
8. — *Un père de famille avec quatre enfans !..* (sic) *Je
suis un profond scélérat.* — 9. — *Nom de D..! il faut
convenir que ta maitresse est une fameuse gaillarde.* —
10. — *Adieu farceuse, sois tranquille je reviendrai.* —
11. — *Polissonne de boulle* (sic) *!... en fais-tu des caprices.* — 12. — *Eh ! pas mal ! comme vous voyez.* —
13. — *Galanterie de Mr Mayeux.* — 14. — *T... de
D..! je ferais joliment des folies si j'avais cette femme
la !* — 15. — *Mayeux va recevoir la réponse sur le dos.*
— 16. — *Né pour l'amour | je te serai fidèle | Allons ma
belle etc.* — 17. — *Femme sensible entends tu le ramage
etc. etc.* — 18. — *Ah ! petite friponne !..... je te tiens....
te voilà prise !..* — 19. — *Le grand gaillard est encore*

plus alerte que moi nom de D.... — 20. — Ne faites pas attention je suis brulant !.. j'ai besoin d'eau séduisante modiste !.. — 21. — Oui, charmante blonde ! je suis le passionné Mayeux, et décidé à faire ton bonheur !... — 22. — Je suis français bobonne je suis français nom de d...! — 23. — T... de D...! voilà des gens de ma connaissance qui arrivent !! Ils vont me trouver dans une f...u position....... — 24. — D... de D...!... c'est elle !... femme adorable !... enfin je te retrouve !!..... — 25. — Madame n'est pas visible !... c'est égal c'est égal friponne, c'est égal, dis lui que c'est son petit Mayeux !.... — 26. — Nous étions trois jeunes gens nous avons ri comme des... comme des.... comme des scélérats. — 27. — Ah! Geu-Geuse (sic) tu enfonces Mme Mayeux !... — 28. — Ah! scélérat !... c'est donc ici que tu passes la vie.... — 29. — Laissez moi donc tranquille, si vous m'embêtez encore Mme Mayeux je ferai lit à part. — 30. — Lachez moi, Madame Mayeux, j'suis d'la mobile, nom de D...! — 31. — La voila donc cette belle garde nationale dont je suis susceptible de marcher avec. — 32. — D'aplomb.....! et solide au poste t... de D...! — 33. — Ils appellent ça un poste d'honneur!.... je crois qu'ils se f...... de moi..... t... de D...! — 34. — Avec un Garde du Corps !... Vengeance !.... Nom de D.... — 35. — Madame Mayeux! quand j'ai bu! j'suis terrible !..... — 36. — Oh! la belle enfant....... j'veux lui apprendre un petit jeu. — 37. — Dépêche toi! nom de D! dépêche toi!.. nous allons voir le tremblement!!!.......... — 38. — Ah! D... de D...! je vois la lune!.... — 39. — Non, Mayeux..... tu es un monstre tu veux me séduire..... — 40. — T... de D... comme je lui ressemble !.. — 41. — Nom de D... on n'est pas solide là dessus !.. j'suis sur qu'on s'f..t de moi! — 42. — Heureusement que la tête ne porte *pas, sans quoi j'étais f....! — 43. — Qué qu'ça te fait ma bonne nous sommes seuls... — 44. — Pauline, pressez donc ma saucisse!... — 45. — Du Serpent à la tartare! Des cotelettes de Tigre !... de D...! — 46. — Après trois jours d'une conduite immorale Mr Mayeux rentre dans sa famille. — 47. — De l'ensemble!..... c'est ça morbleu.... marchez!... — 48. — Tu négliges les études!... tu ne veux donc pas suivre les traces de ton père.*

Coll. Meunié.

349. — Album in-12 carré avec la réimpression des 48 litho. de l'album précédent, en couleur.

Les deux exemplaires que nous avons vus étaient sans le titre et sans la couverture.

350. — Album composé de litho. coloriées qui ne sont que la reproduction d'un certain nombre des litho. in-4° dans un format pet. in-8°.

351. — **Les Amours Secrètes de M. Mayeux.** Ecrites par lui-même. || *Paris chez les Marchands de Nouveautés.* — Album (obscène) in-16 de 59 pages de texte. — Couverture jaune avec titre imprimé dans un cadre. — Sans date.

352. — **Les Amours Secrètes de M. Mayeux.** Ecrites par lui-même. Ornées de douze jolies gravures (obscènes). || *Paris, chez les Marchands de Nouveautés.* — Album in-16 de 54 p. de texte identique au précédent. — Couverture jaune avec titre imprimé dans un pet. encadrement. — Sans date.

353. — **Les 12 journées ér..... de M. Mayeux.** — Suite de douze planches avec texte (obscènes). S. d.

354. — **Musée des Enfans** *(sic)* d'Aubert. — Six petites lithographies concernant Mayeux.

pag. 23 : *Monsieur Mayeux.*
Chez l'éditeur des études d'Animaux par M. Adam, Aubert, Galerie Véro dodat.

p. 77 : *Mr Mayeux et sa future.*
Chez l'éditeur des études Académique (sic) *de Julien, Aubert, galerie véro dodal.*

p. 83 : Un Mayeux, sans légende, représenté supportant sur sa bosse une femme debout tenant deux drapeaux déployés.
Chez l'éditeur des Caricatures de Modes, Aubert, galerie véro dodal.

p. 86 : deux pet. litho. : *Mayeux et l'ours marlin.* — *Voilà un bel homme.*
Chez l'éditeur des études d'après l'antique, Aubert, galerie véro-dodal.

p. 87 : *Mr Mayeux, danseur de corde.*
Chez l'éditeur des caricatures Politiques, Aubert, Galerie véro dodal.

Coll. Meunié.

355. — Album d'images pour enfants. — Deux petites litho. :
1° — Un Mayeux, à cheval, sautant d'un tertre dans l'espace.
Sans légende. — Signé H. Paxardo.
2° — Mayeux donnant le bras à une femme.
Sans légende. — Signé : C. J. T. et H. Paxardo.

356. — *Tous les hommes sont égaux sur des échasses.* *(Sans signature.)*

Petite litho. parue dans un Album d'images pour les enfants.

Coll. Malherbe.

VIII. — RÉCLAMES. PROSPECTUS.

357. — 1 Feuille in-12, papier jaune.

Imprimé en exergue : *Il faut le voir pour le croire.*

En dessous : un Mayeux mi-habillé et levant le bras.

Plus bas : *Beaux Chapeaux de soie, montés sur feutre imperméable, imitant parfaitement ceux du carton. Prix 10 F.*

Pour la facilité des consommateurs, M. Henry vient de transporter sa fabrique du Marais, rue de Grenelle-St-Honoré, N° 16, dans la porte cochère, en face du passage Vérot-Dodat. A côté des diligences de Laffitte et Caillard.

(Sans signature et sans indication d'imprimeur ni d'éditeur.)

Est. Tf. 53.

358. — 1 Feuille in-fol. comprenant une litho. signée J. Dumont avec cette légende :

— *T. d. D !.. 35 centimes pour être préservé de ce monstre de choléra !!!*

— *Ce n'est pas assez ; voilà un Louis....... donnez moi de la Monnaie jolie Marchande.*

— *Mais petite ? il n'y a pas de quoi noyer une saute-relle dans votre godet !*

— *Monsieur ce n'est pas pour noyer une sauterelle......
lisez plutôt l'affiche.*

*Pour quinze sous, ou contre une paire de Bottes ou
deux paires de Souliers ; L'enduit augmente d'un cin-
quième la durée des chaussures ; Car Il empêche le cuir
d'être pourri en s'imbibant de l'eau des rues, et à la fois
il préserve les pieds du froid humide.*

Lith. de Ligny et Dupaix.

Est. Tf. 53.

359. — 1 Feuille in-fol. de 8 litho. gravées en noir
en 2 rangées. — La feuille est divisée en huit parties
égales, comprenant chacune 1 litho. encadrée de deux
filets avec la légende placée hors cadre au-dessous de
l'image ; au-dessus du cadre on lit : Savon Super-
fin, imprimé à l'envers. — Voici les légendes des
8 litho. :

(Rangée supérieure :) — *Galanterie de Mr Mayeux.* |
— *Madame n'est pas visible !.. c'est égal friponne,* etc.
| — *M. Mayeux va recevoir la réponse sur le dos !* | —
Né.pour l'amour... etc. — *Paye à ton tour...* etc.

(Rangée inférieure :) — *Nous étions trois jeunes gens,
nous avons ri,...* etc. | — *Le grand B..... est encore plus
alerte que moi nom de D...* | — *Tonnerre de D... far-
ceuse tu demeures bien haut.* | — *Femme sensible entends
tu le ramage $\mathscr{E}^{a}$ $\mathscr{E}^{a}$.*

(*Sans signature*). *A Paris, chez Badoureau, r. St Denis, N° 270.*

Est. Tf. 53. — Journal de la Librairie, 30 avril 1831, n°
381.

360. — 1 Feuille in-fol. comprenant 15 litho., en
noir disposées longitudinalement en 3 rangées de

5 lith., chaque litho. reproduisant un dessin signé
J. Dumont. — Chaque dessin est placé dans un rec-
tangle, encadré d'un cercle ; on lit au-dessus du dessin :
*Enduit Elastique Préservateur de l'Humidité des Chaus-
sures de cuir.* Au-dessous : *Au Dépot Central — R —
N°* ; et à droite : *Déposé.*

En bas de cette vignette est imprimé à l'envers : *Lith.
de Ligny et Dupaix r. Quincampoix 38.*

Est. Tf. 53.

DEUXIÈME PARTIE

MAYEUX EN CHANSONS

361. — 1 Feuille, gr. in-4° : **Histoire de M. Mayeux.**
— Sous ce titre, occupant la première moitié supérieure
de la feuille et encadrée d'un filet se trouve une litho.
en noir avec au-dessous cette légende : *Femme sensible,
entends-tu le ramage, etc.*

Au-dessous et disposé en quatre colonnes : 1° Histoire de M. Mayeux. commençant : *M. Mayeux est
champenois d'origine...* ; se terminant : *Il est la terreur
et l'effroi des maris.*

2° Les Aventures de M. Mayeux. — *Air de M. Du-
molet.* — *Roul' la bosse petit luron...* — Refrain,
4 vers.

1er coupl. — *Petit Mayeux, écout'ben ce que ton
père...*

2e coupl. — *N'te marie pas, tu n'serais pas à la
noce...*

3ᵉ coupl. — *Si tu t'marie prends pour épouse fidèle...*

4ᵉ coupl. — *Si tu rencontrais une beauté fière...*

5ᵉ coupl. — *Si tu vas voir une farce de Molière...*

6ᵉ coupl. — *En fait d'esprit que n'as-tu celui d'Esope...*

7ᵉ coupl. — *Si parfois l'sort t'appelait à la guerre...*

3° M. Mayeux, ou le bossu des trois jours. — *Paroles de M. Deremy.* — Air. *Ah! prends-moi vite un hussard.* — *Il existe un petit homme.* 1ᵉʳ coup. 8 vers. *Nom de D...! (bis).* — *Marcheur s'écriait Mayeux.* — Refrain.

2ᵉ coupl. — *Dans toutes les embuscades...*

3ᵉ coupl. — *Nos ames étaient subjuguées...*

4ᵉ coupl. — *Auprès d'une barricade...*

5ᵉ coupl. — *Il est des braves de chaque âge...*

A Paris, chez Julienne, Fabricant d'Images, rue Neuve-Saint-Merry, N° 37.

Est. Tf. 53 et Coll. Malherbe.

362. — Série de quatre chansons avec petites gravures, en noir, éditées chez Dopter : N° 1. — **La Barricade.** — Air. *Eh! ma mère est ce que j'sais ça.*

1ᵉʳ coupl. — *Derrière une Barricade...* etc. (8 vers).

2ᵉ coupl. — *Nom de D... dit-il Raguse...*

(Sans signature et sans indication d'éditeur.) — Les chansons sont placées sur 2 colonnes.

Coll. Malherbe.

363. — N° 2. — **Mayeux Romantique.** — Air. *Ah faut-il qu'un homme soit cochon.*

1ᵉʳ coupl. — *Polissonne de boule à Mayeux...* (8 vers).

2ᵉ coupl. — *Près des Belles je suis dispox* (sic)...
(8 vers).

(Sans signature et sans indication d'éditeur.)

Coll. Malherbe et Meunié.

364. — N° 3. — **Mayeux Malade.** — Air. *V'la c'que
c'est d'avoir du cœur.*

1ᵉʳ coupl. — *Voyez enfin le résultat...* (7 vers).

2ᵉ coupl. — *C'est l'amour du juste milieu* (7 vers).

(Sans signature). Se vend a Paris chez DOPTER *Editeur rue Sᵗ Jacques N° 21.*

365. — N° 4. — **Mayeux Décoré.** — Air. *Tout le
long de la rivière.*

1ᵉʳ coupl. — *Des belles l'heureux favori...* (9 vers).

2ᵉ coupl. — *Non (sic) de d... dit-il consolé* (9 vers).
(Sans signature).

Coll. Malherbe.

366. — **Mayeu le Pochard.** — *Air de l'Aveugle de
Bagnolet.*

Chanson en six couplets. — Sans lithographie. —
Imprimerie de Stahl, 33, quai Napoléon.

Coll. Malherbe.
M. Louis Loviot nous signale une autre édition de cette chanson, parue dans le Parnasse satyrique du xixᵉ siècle [1864] in-16,
t. I, p. 67, sous le titre de *Mayeux Pochard.*

367. — Mʳ **Mayeux Mélomane.** — *Paroles de Constant* V***. — *Musique et Accompagnement de Eugène*
T***.

Chanson notée, sur une feuille double in-8°, avec une
couverture portant une litho. représentant Mayeux

jouant de la guitare : elle est signée *C. V. Bosco* ; au-dessous cette légende :

> *Le bon creux de ma poitrine*
> *Me console d'être bossu.*

Coll. Meunié.

368. — Les Etrennes de M. Mahieu.
Imprimerie de Sétier.

In-16 d'un quart de feuille, contenant cinq chansons.

Annoncé au Journal de La Librairie N° 1, du 7 janv. 1832, N° 39. — Coll. Malherbe.

369. — Mayeux à la Société des droits de l'homme.
— *(et A chaque crime élevons un poteau.)*

Imp. de Sétier, à Paris. — A Paris, chez Adolphe R....., rue de Grenelle-St-Honoré, n. 29, deuxième cour.

In-8° d'un quart de feuille, contenant deux chansons.

Annoncé au Journ. de la Libr. — N° 18, du 4 mai 1833, N° 2402.

370. — Mayeux au bord... — (Air : *Mon cousin Lallure.*). — Chanson de six couplets de dix vers, signés F. de C.

(Le Parnasse satyrique du XIX° siècle, Rome, à l'enseigne des sept péchés capitaux, s. d. [1864], 2 vol. in-16. — T. I, p. 69.)

« Les deux chansons de *Mayeux pochard* (n° 366) et de *Mayeux au bord..*, signées F. de C., sont de M. Fabius de Calonne, professeur d'histoire de S. E.

M. Duruy, ministre de l'Instruction Publique... Aucuns attribuent *Mayeux pochard* à M. Henri Simon. »
(Nouveau Parnasse satyrique, Eleutheropolis, 1866, in-16, Appendice au Parnasse satyrique, p. 233.)

Renseignement communiqué par M. Louis Loviot.

371. — **Le Docteur Lantibosse.** [Chansonnette]. —
*Paroles d'Albanès Havard. — Musique de Domergue. —
Au Magasin de Musique du Trouvère   Piano & Chant
Pr. 3ᶠ — Chez Simon Marix, Editeur Commissionnaire
— Chant seul Pr. 1ᶠ. Boulevard de Sébastopol, 28 —
Rive droite — Paris. (Propriété pour tous pays.)*
Format in-4°. — Lithographie sur la couverture,
avec le titre, représentant un grand docteur debout,
tenant, de sa main droite (bras étendu horizontalement)
son chapeau à larges bords, et de sa main gauche (bras
replié sur la hanche), sa canne suspendue perpendiculairement au-dessus de terre. Au-dessous du chapeau
est placé un petit Mayeux, en habit, avec les bras pendant devant lui et tenant sa casquette de ses deux mains
réunies. — Cette litho., qui est signée A. LECOCQ, a
comme fond de décors de réclame des dessins de gens
contrefaits et un chameau entassés sous une presse. —
Avec adresse d'imprimeur en travers : *Imp. Magnier
34 r. Lamartine.*
La chansonnette se compose de quatre couplets avec
refrain.
Refrain. — *Je suis Lantiboss' boss' boss' boss' boss'
boss' boss' boss' boss' boss'...* etc.
1ᵉʳ coupl. — *Grand orthopédiste, — Je suis à la
piste...* etc.
2ᵉ coupl. — *Toujours je travaille — la bosse ou la
taille...*
3ᵉ coupl. — *Devant mon génie — S'abaisse l'envie...*

4ᵉ coupl. — *Ma tête brûlante* — *Nuit et jour en-
fante...*

L'exemplaire, communiqué par Mʳ Malherbe, porte le cachet
du dépôt légal avec la date de 1882.

TROISIÈME PARTIE

MAYEUX AU THÉATRE

372. — Le Fossé des Tuileries.

Sorte de revue coïncidant avec l'affaire dite *des Fusils* (on accusait alors le préfet de police d'avoir acheté
en Belgique, pour l'armement français, et à prix trop
avantageux, des fusils détestables). — Mayeux parais-
sait en garde national, et, après mille jeux de scène,
finissait par monter des deux pieds sur le chien de son
fusil sans parvenir pourtant à l'armer.

[L. Celler. *Études dramatiques...*] — D'après les renseigne-
ments donnés par M. Celler, cette pièce daterait de la fin de
1830 ou de 1831. — Communiqué par M. Louis Loviot.

373. — M. Mayeux, ou Le Bossu à la Mode, *A Propos de Bosses, en trois Tableaux, Mêlé de Vaudevilles,
Par MM. Sᵗ-Hilaire, Lepeintre Jᵉ et Eugène, Représenté
pour la prmière (sic) fois, A Paris, le 7 Janvier 1831.
|| Paris, Chez J.-N. Barba, Palais-Royal, Grande Cour,
Derrière le Théâtre Français. 1831. (cette pièce se
représentait sur le théâtre de M. Comte.)*

1 vol. In-8° de 56 pag.

Au verso du titre : *De l'Imprimerie de Chassaignon, Rue Gît-le-Cœur, N° 7.*

Au verso du faux-titre : *Extrait de divers Journaux de Paris.*

Annoncé au Journ. de la Libr. — N° 6 du 5 février 1831, au N° 602. — Coll. Meunié.

374. — **Les Caravanes de Mayeux.** — Variétés, avril 1843.

Théâtre des Variétés. — Les Caravanes de Mayeux.

Que dire de ce vaudeville infortuné ? La tâche du critique est assez difficile, s'il veut être consciencieux. *Les Caravanes de Mayeux* sont peut-être une fort belle chose. Qui sait ? on a tellement sifflé d'un bout à l'autre de la pièce, qu'il n'a pas été possible d'en entendre une syllabe : quelle a été la raison d'une réprobation si universelle et si aigre ? — car ce vaudeville, autant qu'on peut en juger à la lorgnette, a la même apparence que tout autre. — Peut-être vient-il trop tard ? — Quelques années après la révolution de juillet, Mayeux était un type fort populaire ; les chansonniers, les caricaturistes s'en étaient emparés ; l'on entendait, on ne voyait que lui ; c'était une espèce d'être allégorique et bizarre, personnification de l'esprit gouailleur et comique du Parisien, une silhouette étrange, qui, si elle avait été fixée par un grand écrivain, aurait pris place à côté de Panurge, de Falstaf, de Sancho Pança, de Polichinelle et autres symboles du réalisme et du bon sens pratique ; on prêtait à Mayeux, comme à Pasquier et à M. de Talleyrand, toutes sortes de bons mots sur toutes sortes de choses.

Mais c'est à propos de femmes que Mayeux ne tarissait pas, car malgré sa bosse, ou plutôt à cause de sa bosse, Mayeux était un grand séducteur : observation profonde de cette loi ironique et fatale qui, depuis Vénus mariée à Vulcain, livre toujours les plus belles aux plus laids. Don Juan et Jupiter n'étaient auprès de lui que des fats ridicules. Malheureusement pour Mayeux, Robert-Macaire et son ami Ber-

trand, bravant le préjugé du public qui les croyait guillotinés
tous deux en punition du meurtre indélicat commis sur la
personne de ce bon monsieur Germeuil à la culotte beurre
frais, firent une seconde apparition sur le théâtre des Folies-
Dramatiques ; le bandit fit oublier le bossu et occupa exclu-
sivement les crayons des Daumier, des Philippon, des Traviès et autres princes de la lithographie : notre époque, que
l'on dit stérile, a produit, dans une dizaine d'années, trois
types d'une originalité incontestable : Mayeux, Robert Macaire
et Bertrand ; c'est beaucoup : — la vie de tout un peuple et
de toute une littérature souvent suffit à peine pour en produire un seul.

Quoi qu'il en soit, *Les Caravanes de Mayeux* ont été fort
mal acceptées du public des Variétés et le débutant Neuville
n'a pas eu de chance de commencer par ce rôle. Les spectateurs, il est vrai, l'ont applaudi à plusieurs reprises et l'ont
rappelé à la chute du rideau comme pour lui prouver que
c'était bien à la pièce et non à lui qu'ils en voulaient : peut-
être y a-t-il quelque chose de pénible dans le spectacle de
cette difformité physique imitée d'une manière trop réelle :
les bosses de Polichinelle sont des bosses de fantaisie dont
le développement extravagant n'a rien de douloureux et ne
paraît pas impliquer un état maladif chez celui qui les porte.
Cependant nous n'avons guère le droit d'être difficile sur le
comique de la difformité, comique employé par Homère pour
son Thersite et son Cyclope, car presque tous nos bouffons
actuels n'excitent le rire que par quelque monstruosité :
Arnal et Odry par leur laideur idéale, Hyacinthe par son
nez, Lepeintre jeune par son enbonpoint d'hippopotame,
Alcide Tousez par son enrouement ; de sorte que si l'on
ramène la plupart d'entre eux à de véritables formes hu-
maines, ils perdraient leur action sur le public. Supposez
donc Lepeintre jeune maigre et parlant avec une langue au
lieu d'agiter dans les vastes profondeurs de ses bajoues ce
quartier de lard qui lui en tient lieu. — Qu'Alcide Tousez
se fasse couper les amygdales et que Hyacinthe emprunte
pour une soirée un nez grec de Jupiter ou d'Apollon, et ils
seront, à coup sûr, beaucoup moins amusants. — Les auteurs ou l'auteur unique, qui, à ce que nous croyons, est
M. Brisebarre, avait compté sur ce moyen désopilatif ; il
s'est trompé, et M. Roqueplan fera bien de ne pas s'obstiner

à maintenir sur l'affiche une pièce si nettement repoussée par les spectateurs.

Théophile Gautier. — *Feuilleton de la Presse,* 19 avril 1843 — et *Histoire de l'art dramatique en France depuis vingt-cinq ans,* 1859. Troisième série, p. 37.

Renseignement communiqué par M. Louis Loviot.

375. — **Le Roi des Bossus.** — *Scènes de la vie contemporaine en cinq parties par Edouard Brisebarre, musique nouvelle de M. Romainville représentées pour la première fois à Paris, sur le théâtre du Luxembourg, le 31 Octobre 1866.*

Direction de M. Gaspari Mise en Scène de M. Charles-Hubert. — Décors de M. Robechi (sic). (Le rôle de Mayeux était rempli par M. Murray.)

Librairie centrale, 24 *boulevard des Italiens. — Prix: 50 centimes. — Poissy — Imprimerie de A. Bourel.*

Plaquette pet. in-4°.

Coll. Malherbe.

QUATRIÈME PARTIE

MAYEUX EN LIBRAIRIE

376. — **M. Mayeux aux Etudians** *(sic)* **en droit.** — Plaquette en vers.

Imp. de Guiraudet à Paris. — A Paris chez les marchands de nouveautés. — Prix : 0 fr. 50.

In-8° d'une demi-feuille.

Journ. de la Libr. N° 6, du 5 février 1831, N° 601. — Coll. Meunié.

377. — Histoire véritable et complète de M. Mayeux, *avec des renseignemens* (sic) *authentiques sur sa famille et ses amours ; le tout accompagné de notes explicatives, de ses bons mots, facéties, épigrammes, etc. ; publié par* E. Estev***, *son ami d'enfance. Ornée de son véritable portrait* (1). — Prix : 60 centimes. ‖ *Paris, Chez les Marchands de Nouveautés, Et les Libraires du Palais-Royal.* 1831. — *Imp. de Poussin, à Paris.*

In-18 de 37 pages de texte.

Journ. de la Librairie, N° 10, du 5 mars 1831, N° 1027, — Coll. L. Loviot.

378. — Histoire Complète et seule Véritable du petit Bossu Mayeux, *Chasseur de la garde nationale, écrite par lui-même, et suivie de sa chanson.*

Plaquette in-12.

Imp. de Sétier, à Paris.

Il y a de cet opuscule deux éditions différentes, sorties des mêmes presses, du même format in-12 d'une demi-feuille. L'une d'elles a pour frontispice une vignette représentant un polichinelle sur lequel donne la lumière d'une lanterne magique.

Journ. de la Libr., N° 10, du 12 mars 1831, N° 1161. — Les deux éditions, Coll. Meunié.

379. — Vie et Aventures Plaisantes, Comiques et Burlesques de Jean Mayeux, *racontées par lui-même, Contenant son origine, son éducation.* — *Particularités de son voyage, et son arrivée à Paris.* — *Les évènemens* (sic) *qui lui sont survenus dans la capitale.* — *Ses*

---

(1) Le portrait est en frontispice et porte cette légende : *M^r R*** dit Mahieu. D'après un portrait de Pugnest, fait en 1810* (voir au N° 3).

amours, son mariage, ses infidélités. — Conduite héroïque de Mayeux et sa bravoure dans les trois journées de juillet. — son zèle pour la garde nationale. — ce qui lui arrive à la suite d'un banquet. — Désagrémens (sic) qu'il éprouve dans son ménage. — Mécontentement de son épouse sur ses fredaines. — correction qu'elle lui donne. — Mayeux est bafoué au café des Mille Colonnes et à l'Ambigu-Comique. — Sa rencontre avec son ami Double-Mont. — Disgrâces que lui attire sa difformité. — Sa grande colère contre tous les artistes. — Vengeance qu'il veut en tirer et les plaintes portées contre eux. || A Paris chez Gauthier, Editeur, rue Mazarine N° 49. 1831.

Plaquettes in-18 de 20 pages, avec une litho. sur le verso du titre intérieur et cette légende : Femme sensible, entends-tu le ramage, etc.

Imprimerie Le Normant fils, rue de Seine, N° 8.

Journ. de la Libr. — N° 11, du 12 mars 1831, N° 1228. — Coll. Meunié.

380. — **Relation historique, Véritable et Remarquable** des derniers Momens (sic) de la Mort et des Funérailles de M. MAYEUX, Dit le Bossu sans Pareil. || Paris. Passage Brady, Entrée par les Faubourgs Saint-Denis et Saint-Martin. MALDAN, Libraire-Editeur. 1831. — De l'Imprimerie de Herhan, rue Saint-Denis, N° 380.

Plaquette in-8° d'une demi-feuille, 8 p.

Journ. de la Libr., du 9 avril 1831, N° 1627. — Coll. L. Loviot.

381. — **M. Mayeux au Muséum.**
Impr. de Chassaignon, à Paris. — Prix : o fr. 15.
Plaquette in-12 d'une demi-feuille.

Journ. de la Libr. — N° 19, du 7 mai 1831, au N° 2085.

382. — Mayeux et Arlequin Aux Salons. — *Critique des Tableaux en Vaudevilles.*

> *La critique est aisée.*
> *Mais l'art est difficile.*

A Paris. Chez les Marchands de Nouveautés. 1831.

Titre imprimé dans un encadrement et une lyre. — Au verso du titre, une litho., en noir, encadrée avec la légende : *Mayeux et Arlequin aux Salons.* — A la dernière page : *La suite incessamment.*

Imprimerie Le Normant fils, Rue de Seine, N° 8, F. S. G.

Opuscule in-12 de 12 pages.

Journ. de la Libr. — N° 19, du 7 mai 1831, au N° 2089. — Coll. Meunié.

383. — Je veux être Officier ou *Les Candidats de la Garde Nationale. Dialogue entre Mayeux, Dulys, Libéral, Scévola le cadet et Moutonnet, bourgeois de Paris.* || *Paris chez* MALDAN, *Libraire-Editeur, Passage Brady, N. 75, entrée par les faubourgs Saint-Denis et Saint-Martin, s. d. — Imprimerie de J.-M. Chaigneau, rue Montmartre, N° 121.*

Plaquette in-8° d'une demi-feuille, 8 p. (prose, signée Guillot).

Journ. de la Libr., du 11 juin 1831, N° 2673. — Coll. L. Loviot.

384. — Mayeux Docteur : *Première dissertation. —* Causes efficientes et choléra-morbus.

Impr. de Bellemain, à Paris.

Plaquette in-8° d'un quart de feuille.

Journ. de la Libr. — N° 32, du 6 août 1831, N° 3717. — Bibl. nat., Imp. Lb⁵¹ 849.

385. — **Vie politique, civile, militaire et privée de M. Mayeux.**

Imp. de David, à Paris. — *A Paris, chez Delaunay, chez les marchands de nouveautés.* — Prix : 1 fr.

In-18 de 3 feuilles, plus un portrait.

Journ. de la Libr. — N° 11, du 12 mars, au N° 1229.

Cet ouvrage a paru en 2ᵉ édition avec les adresses :
Imprim. de Doyen, à Paris. — *A Paris chez les marchands de nouveautés.* — Prix : 1 fr.

In-18 de 3 feuilles, plus une gravure.

Journ. de la Libr. — N° 33, du 13 août 1831, au N° 3898. — Les 2 édit., Coll. Meunié.

386. — **M. Mayeux,** *Par Auguste Ricard.* || *A Paris, Chez Lecointe, Quai des Augustins, N° 49. Corbet, Quai des Augustins, N° 61. Pigoreau, Place S.-Germ.- L'Auxerrois, N° 20.*

Imprimerie de A. Henry rue Gît-le-Cœur, N. 8.

4 vol. in-12 avec couverture jaune imprimée dans un cadre. — Vignette sur la couverture et sur le titre intérieur, signée *Lewis s*ᵗ, représentant Mayeux debout, ayant son chapeau tricorne sous le bras et posant un doigt de sa main gauche à ses lèvres à la vue d'une femme.

Le 1ᵉʳ vol. a 199 pages ; — le 2ᵉ, 223 p. ; — le 3ᵉ, 231 p. ; — et le 4ᵉ vol., 238 p.

Journ. de la Libr. N° 42, du 15 octobre 1831, N° 4818. 4 vol. in-12, ensemble de 40 feuilles 1/4. Prix: 12 fr. — Coll. Meunié.

387. — **Les Farces et Les Bamboches Populaires de Mayeux.** — *Etrennes à ceux qui aiment à rire comme des Bossus.*

Eh ! roul' ta bosse, petit luron,
Et ris toujours, à pied comme en carosse.

                              Casimir Menétrier.

A Paris, Chez Chassaignon, Impimeur (sic) *-Libraire,*
rue Git-le-Cœur, Nº 7. 1831.

1 vol. pet. in-12 de vj et 108 pages. — Couverture
jaune avec le titre imprimé dans un ovale. — Au verso
du faux-titre : *De l'Imprimerie de Chassaignon, rue Git-*
le-Cœur, Nº 7. — Frontispice gravé, sans signature,
représentant Mayeux, sous les armes, avec des combat-
tants à une barricade, avec cette légende : *Eh ! range-*
toi donc, fichtre !

Coll. Meunié.

388. — **Histoire de la Révolution de 1830 !!!** — *Pot-*
Pourri Véridique et Satirique Ecrit sous la dictée d'her-
cule Mayeux, Témoin Qui a vu !... Fait !... et entendu !...
Et publié Par J. Rozenry, Sténographe.

                    .   .   .   .

              La France est altière,
              Et moi d'm'écrier :
              Rira bien j'espère,
              Qui rira l'dernier.

                    .   .   .   .

A Paris, Chez les Marchands d'Histoires du Palais-
Royal, et les Débitans (sic) *de Nouveautés.* 1832.

Plaquette in-8º de 36 p. — Au verso du faux-titre
(*Histoire de la Révolution de Mil-huit-cent-trente !!!*) on
lit : *Prix : 1 fr.* — *Tous les Exemplaires non Paraphés*
par le Sténographe seront réputés contrefaits. — *Impri-*
merie de Selligue, rue des Jeuneurs, n. 14.

Bibl. nat. voir Cat. hist. de France, t. III, col. 63. — Coll.
Meunié.

389. — **Vie Politique Civile, Militaire & Privée de M' Mayeux.**

Paris Chez tous les Libraires.

Titre en lettres gravées avec des fioritures, et ayant une pet. litho. en coul. — Frontispice colorié représentant Mayeux en gentleman-rider avec titre : *M' Mayeux en belle humeur*, et au-dessous cette légende : *Elle est charmante nom de D...!*

La couverture jaune porte imprimé le titre suivant : Histoire *complète et véritable de* M. Mayeux *De son traité de paix avec le Juste-Milieu et de ses Aventures périlleuses pendant les Journées des 5 et 6 juin. Racontée Par Lui-même, N... de D...! Troisième édition, ornée de son portrait. Prix : 1 Franc.* || *Paris. Chez les Marchands de Nouveautés.* 1832.

Le faux-titre porte : *Histoire Complète et Véritable de M. Mayeux* — et au verso : *Everat, imprimeur, rue du Cadran, N° 16.* — Sur la seconde partie de la couverture se trouve : *Imprimerie de A. Barbier, Rue des Marais S.-G., n. 17.* — Petit in-12 de 107 p.

Une quatrième édition a paru en 1833, absolument semblable à la 3ᵉ édit. ci-dessus, avec couverture grise et ayant sur la 2ᵉ feuille de la couvert. l'adresse : *Everat, Imprimeur, rue du Cadran, N° 16.*

Coll. Meunié.

390. — **Exploits et Aventures de Mahieux.** *Etrennes à ceux qui aiment à rire comme des Bossus.* || *Paris, Chez Delarue, Libraire, quai des Augustins.* 1832.

1 vol. in-18 de 110 p. — et Table. — La couverture porte sur le recto le titre et sur le verso la litho. du frontispice représentant Mayeux en garde national tenant haut son fusil.

*Sans légende ni signature, et sans indication d'impri-
meur.*

Coll. Meunié.

391. — **Œuvres de feu M. Mayeux,** *De son vivant
Chasseur de la garde nationale parisienne, Membre de
sept académies, Aspirant à l'ordre royal de la Légion-
d'Honneur, et l'un des Braves des trois journées. Episode de l'Histoire de France. Publié D'après le manuscrit
original Par Mr A. Neuville, Capitaine au service de la
Belgique.* || *A Paris, Chez les Marchands de nouveautés.
Et A Nancy, Chez Vidard et Jullien, libraires,* 1832.

Couverture jaune avec le titre : *Œuvres de feu
M. Mayeux.* — *Paris, Chez les Marchands de Nouveautés ;* — *Nancy, Chez Vidart & Julien.* — Une litho. en
noir sur la couverture représentant Mayeux, malade
sur son lit et entouré de sa femme et de ses trois enfants se lamentant ; au-dessous cette légende : *T......
de Dieu ! Scélérat de Choléra.......*

Au verso du faux-titre : *Nancy, Imprimerie de Dard.*

1 vol. in-16 de 30 p. avec « Notice Biographique »,
suivie du « Panégyrique de l'Auteur ». A la page 28 :
« L'Editeur aux Manes de Mayeux ».

Coll. Meunié.

392. — « **Extrait du Corsaire** (*Ce journal a remplacé
auprès des patriotes le* « *Figaro* » *vendu au Juste-
Milieu)* ». — LETTRE DE MAYEUX AU ROI, *à l'effet de
réclamer diverses améliorations politiques et à défaut son
trente millionième du Louvre, des Tuileries, du Jardin
des Plantes, du lion, de l'ours, de la girafe, etc., etc.*

2 pages in-4° renfermant, sur une page et demie, la
pétition signée MAYEUX, *quai de la Grève cabane des*

noyés et sur le reste du verso un DE PROFUNDIS *pour le second anniversaire des 27, 28 et 29 juillet 1830*, signé Amédée Runillac ; cette pièce date la publication de 1832.

Bibl. nat., Imp. Lb⁵¹ 1469.

393. — **La Francé, M. Mayeux et le Choléra.** *Episode de l'histoire contemporaine publié d'après le manuscrit original par M. A. Neuville.*

C'est la foudre, c'est la tempête, Plus de Mayeux, c'est un géant.

Au-dessous, une vignette représentant une équerre, un compas, des règles, sur un fond de feuillage.

Orange, typographie de Raphel fils aîné, 1833.

In-12 de 24 pages, imprimé sur papier jaune. — Le titre est entouré d'un encadrement typographique ; au verso, page 24, figure une vignette représentant l'image de la Loi dans un ovale de feuillages. — Page 3 : même titre, sans encadrement et avec, pour vignette, un amour lançant une flèche. Le nom de l'auteur est suivi de la qualité : « Ex-capitaine au service de la Belgique. » — Page 5. : *Notice biographique sur M. Mayeux.* — Page 7: *Panégyrique de l'auteur.* — Page 11 : *M. Mayeux à ses lecteurs* (en vers). — Page 14: *Episode de l'histoire de France* (en vers). — Page 21 : *L'Editeur aux Mânes de Mayeux* (en vers).

Bibl. nat., Imp. Lb⁵¹ 1902.

394. — **Epopée** par *Adrien* DELAVILLE. || *Paris. Au Comptoir des Editeurs réunis, Quai Malaquais, 15.* 1844.

In-18 de 5 feuilles, couverture imprimée, 169 p. de

texte (ouvrage burlesque et en prose). — *Imprimerie Chassaignon, rue Git-le-Cœur, 7.*

Journ. de la Librair., du 31 août 1844, N° 4337. — Coll. L. Loviot.

395. — **Vies** *(sic)* **et Aventures Surprenantes de M. Mayeux** *et de sa nombreuse Famille. Ses relations avec les personnages les plus haut placés, son voyage en* ALGÉRIE *et dans le* MAROC, *ses Visites à* ABD-EL-KADER *et à l'Empereur ; Sa rencontre avec le* JUIF ERRANT *dont M. Eugène* SUE *a raconté des choses si extraordinaires, son retour à Paris ; sa présence à Fontainebleau le jour de l'attentat de l'infâme Lecomte. Le tout recueilli et mis au jour Par* EMILE KRAKO *de la rue St* HILAIRE, *demeurant à côté d'un Membre de l'Université.* || *En Vente dans tous les coins et recoins du globe, au profit d'une nouvelle fondation Orthopédiphilantropicomico, instituée pour le bien-être de la noble corporation des Bossus des deux mondes.* PARIS. *1846.*

Le titre complet est imprimé dans un encadrement sur la couverture. Sur l'autre côté de la couverture se trouve une pet. litho. (village avec des ruines le dominant) et : *Imprimerie de A. Hiard à Meulan.*

Frontispice avec deux litho. signées Halbert : *Départ de M. Mayeux et de sa famille pour l'Algérie. — Rencontre, au Maroc, de M. Mayeux et du Juif-Errant.*

Entre ce frontispice et le titre se trouve placée une feuille double sur papier jaune ayant, d'un côté, un frontispice portant cette annonce : *Entrez Mesdames et Messieurs Et lisez l'Histoire de Mayeux.* — De l'autre, ce titre : *Cette Nouvelle Édition, Revue et Augmentée de l'Histoire de M. Mayeux et de sa Famille, est illustrée D'un nombre considérable de Figures représentant les faits les plus curieux de toute sa Vie.*

Huit planches à 2 litho., numérotées de 1 à 8 et imprimées sur papier jaune, portant les légendes suivantes :
1. — *Portrait de M. Mayeux avant l'accident qui le rendit bossu.* — *Accident qui rendit bossu M. Mayeux.* —
2. — *M. Mayeux reçoit ses titres de noblesse.* —
M. Mayeux fait sa malle pour son voyage autour du monde. — 3. — *M. Mayeux et son cheval, renversés par un cabriolet.* — *Bonne fortune de M. Mayeux au Palais-Royal.* — 4. — *M. Mayeux, héros de juillet, combattant pour la liberté.* — *M. Mayeux voyant sa première caricature chez Aubert.* — 5. — *M. Mayeux surprenant sa femme avec un hussard.* — *M. Mayeux rencontrant sa chère Paméla avec un dragon.* — 6. —
M. Mayeux et sa famille partant pour l'Afrique. —
M. Mayeux forcé de faire la cuisine d'Abd-el-Kader.
— 7. — *M. Mayeux, ayant fait la cour à la femme de l'empereur du Maroc, fut chassé à coups de pieds aud...*
— *M. Mayeux est très étonné de rencontrer le Juif errant dans les plaines du Maroc.* — 8. — *M. Mayeux revient seul en France sa femme et ses enfants ayant été pris par les bédouins.* — *Mort de M. Mayeux.*

1 vol. in-18 en long., avec couverture rose imprimée : — 218 p. de texte.

Coll. Meunié. — Les illustrations furent ajoutées après coup, sans doute pour écouler plus facilement l'édition. Les feuilles doubles, sur papier jaune, ont été simplement intercalées et collées dans un certain nombre d'exemplaires. M. A. Bégis possédait un exemplaire broché, non coupé, ne contenant pas les feuilles jaunes. — [Renseignement communiqué par M. Louis Loviot.]

396. — **Mayeux**; L'Indépendant, *Homme Politique, Diabolique, Épigrammatique, Drôlatique et Prophétique; Appelant les Hommes du Jour par leur Noms. Suivi d'une Revue Critique sur Diverses Positions de la Vie.*

Et de quelques pages sur l'Evènement du 2 Décembre. Par M. BASTIDE, *Auteur de la Mosaïque Poétique.*

L'utopiste n'a foi qu'en son mauvais génie, | — Se rit de tout, mais craint l'arme de l'ironie. Prix. 1 fr. 25 cent. || Paris, Ledoyen, Libraire, Palais National, Galerie d'Orléans, 31.

1 vol. pet. in-8° de VI et 126 pag. avec une couverture jaune portant le titre entier encadré sur la 1re page et sur l'autre (à l'intérieur) : les *Errata* et extérieurement : une litho. représentant Mayeux portant un doigt à sa bouche, avec cette légende :

Crains rien, N... de D...! Je suis Cuirassé.

Mayeux l'indépendant affronte la satire | — En osant attaquer les artisans du mal ; | — Si la démagogie, en fureur, le déchire, | — Qu'importe ; il n'a voulu que le bien général !...

Et au-dessous : *En Vente, Mosaïque Poétique, Deux beaux volumes in-8°, prix : 6 francs, chez Ledoyen, libraire, — Nancy, imp. Hinzelin et Cᵉ.*

L'adresse de l'imprimeur se trouve encore au verso du faux-titre et au bas de la 126ᵉ et dernière page.

Bibl. nat., Imp., Lb⁵⁵ 2375. — Coll. Meunié.

397. — **Voyage de M. Mayeux en Icarie.** *Ses aventures curieuses dans le pays de M. Cabet.*

A la dernière page : *1, Rue de Sorbonne, 1.*

Paris. (1848) — *Imprmerie* (sic) *Bonaventure et Ducessois. 55, quai des Grands-Augustins, près le Pont-Neuf.*

Plaquette in-8° de 8 pages avec une litho. d'en-tête, représentant Cabet prisant, accompagné de son chien.

Bibl. nat., Imp. Lb⁵⁴ 330. — Coll. Meunié.

398. — **Histoire véritable, facétieuse, gaillarde,**

politique et complète de M. Mayeux, ou *Vie, Amours, Aventures, Galanteries, Bons Mots, Victoires et Conquêtes de ce Célèbre et Spirituel Bossu ; Contenant aussi Des détails très curieux sur sa naissance, son éducation, son génie original, ses réparties ingénieuses, son mariage et son divorce, et des anecdotes galantes sur les deux nourrices qui l'abreuvèrent de lait le tout rédigé d'après les documen* (sic) *fournis par lui-même, et pouvant servir de tex* (sic) *aux caricatures concernant ce singulier héros. Par E. C. B*** Nouvelle Édition, Augmentée d'anecdotes sur les Bossus. Prix : 1 fr. 5o cent.* || *Paris, Terry, Éditeur, Palais-Royal, Galerie de Vallois* (sic), *N° 185.*

(Au verso du titre :) ARCIS-SUR-AUBE, IMP. DE LENDER.

1 vol. in-18 de 149 p. y compris la Table — suivies d'un extrait non paginé du catalogue de Louis Terry, Éditeur. — Trois gravures coloriées se dépliant : la 1re pag. 107 : *M. Mayeux devant le Bureau du Régénérateur :* « *Quel poids ! quel gaillard ! encore une pratique comme celle-là et ma bosse était enfoncée n... d'un D !* » — La 2e, p. 130 : *M. Mayeux Garde National, jouant à la Drogue :* « *Impossible de prendre une prise de tabac t... de D !* » — la 3e, p. 137 : *M. Mayeux en bonne fortune surpris par sa Femme :* « *Je vous y prends petit Scélérat !...* »

Coll. Meunié.

399. — **Histoire Véritable, facétieuse, gaillarde, politique et Complète de M. Mayeux,** ou *Vie et aventures memorables de ce spirituel bossu, contenant son origine, sa naissance, son éducation, ses amours, galanteries et bons mots, son mariage, son divorce, etc., etc., d'après des documens fournis par lui-même, et pouvant servir de texte aux différentes caricatures concer-*

nant ce héros. Par F. C. B. || *A Paris, chez Terry jeune. — Impr. de Cosson, à Paris.*

In-18 de 4 feuilles 1/2, plus une planche.

Coll. Meunié.

400. — **Vie Politique Civile, Militaire & Privée de M**[r] **Mayeux.** || *Paris Chez Leroux, Passage Colbert et Chez tous les Libraires.*

In-16 carré de 103 p. avec la Table, avec pet. litho. color. sur le titre.

Frontispice colorié représentant Mayeux en gentle-man-rider, sans autre légende que celle-ci : *Elle est charmante !!*

Coll. Meunié. — La couverture et le faux-titre manquent.

CINQUIÈME PARTIE

MAYEUX JOURNALISTE

JOURNAUX

401. — *Du nouveau... Attention, nom de D... ! —* MAYEUX.

Suite de pamphlets en livraisons, dont le titre est surmonté d'une vignette représentant Mayeux debout, au pied d'un arbre de la liberté, pérorant en tenant son journal qui porte ce titre : MAYEUX LIB : EGL : — Dans quelques livraisons, le grand titre ainsi que la vignette on été imprimés d'une façon très fantaisiste — voir le détail plus loin.

Ce Journal était du format in-4°. — Hebdomadaire, il n'eut que 32 livraisons, du 12 Juillet 1831 au 30 Mai 1832. — Prix : 25 cent. (Voir Bibliographie de la Presse périodique par Eug. Hatin, p. 379.)

La 11ᵉ livraison est encadrée de noir dans ses quatre pages et ne porte que le grand titre de MAYEUX, avec la vignette surmontée d'un fleuron formé d'une tête de mort, d'un V et de deux tibias accompagnés de six larmes, signé D. Ce fleuron est flanqué des mots : VARSOVIE — VENGEANCE !..

Les 24ᵉ, 27ᵉ et 32ᵉ livr. ne portent que le grand titre qui est XUEYAM et la vignette imprimée sens dessus dessous.

La 26ᵉ livr. est entièrement autographiée ainsi que la vignette. Au-dessous du grand titre est écrit : *Les Imprimeurs patriotes redoutant le Choléra Persil*, MAYEUX *se fait autographier comme les grands Hommes nom de D...!!!*

A la 28ᵉ livr. le grand titre est EUXMAY ; la vignette est couchée en travers de la feuille, à droite, et le sous-titre porte : IL DORT, SON RÉVEIL SERA CELUI DU LION, NOM DE D... !

La 29ᵉ livr. n'a que le grand titre qui est YAMXUE et la vignette est couchée en travers de la feuille, à gauche.

A la 30ᵉ livr. il n'y a pas de vignette ; le grand titre est EXUMYA et le sous-titre : COMME LE PHÉNIX IL RENAÎTRA DE SES CENDRES.

Adresse : A la 1ʳᵉ livr. l'adresse est : *On s'abonne chez A. Mugney, éditeur, rue Notre-Dame-Bonne-Nouvelle, nᵒ 7.*

De la 3ᵉ à la 8ᵉ livr. l'adresse est : *A. Mugney, éditeur, rue Notre-Dame-Bonne-Nouvelle, nᵒ 7 ; Levavasseur, Palais-Royal, et Prévot, rue de Vaugirard, nᵒ 22.*

Adresse de la 9ᵉ livr. : *A. Mugney, éditeur, rue Notre-Dame-Bonne-Nouvelle, n° 7 ; Levavasseur, Palais-Royal; Prévot, rue de Vaugirard, n. 22, et Rouanet, libraire, rue Verdelet, n. 6.*

De la 10ᵉ à la 17ᵉ livr. l'adresse est : *A. Mugney, Editeur, rue Notre-Dame-Bonne-Nouvelle n° 2. Levavasseur, Palais-Royal; Prévot, rue de Vaugirard, n° 22, Rouanet, libraire, rue Verdelet, n. 6, Lemarquière, libraire, Galerie Vivienne, n. 5, et chez les principaux directeurs de postes,*

De la 18ᵉ à la 21° livr. : *A. Mugney Editeur, rue Notre-Dame-Bonne-Nouvelle, n. 2 ; Levavasseur Palais-Royal ; Prévot, rue de Vaugirard, n. 22, Rouanet, libraire, rue Verdelet, n. 6, Blosse, libraire, passage du Commerce, n. 3, faubourg Sᵗ-Germain, et chez les principaux directeurs de postes.*

22ᵉ et 23ᵉ livr. : *A Mugney, Editeur, rue Notre-Dame-Bonne-Nouvelle, n° 2 ; Levavasseur, Palais-Royal; Rouanet, libraire, rue Verdelet, nᵘ 6.*

A la 24° l'adresse est : *Se vend chez A. Mugney, Editeur, rue Notre-Dame-Bonne-Nouvelle, n. 2 ; Levavasseur, Palais-Royal; Prévot, rue de Vaugirard, n. 22, Rouanet, rue Verdelet, n. 6.*

25° livr. : *on s'abonne à Sainte-Pélagie, chez A. Mugney, auteur et éditeur; rue Notre-Dame-Bonne-Nouvelle, n. 2 et chez les libraires Prévot, rue de Vaugirard, n. 22; Levavasseur, Palais-Royal; Rouanet, rue Verdelet, n. 6; et chez les principaux directeurs de postes.*

La 26ᵉ livr. porte : *on souscrit chez A. Mugney, Auteur & Editeur, rue du Faubourg Poissonnière 99, Madame Rouanet, Libraire, rue Verdelet, 6.*

La 27ᵉ livr. : *se vend chez A. Mugney, auteur et éditeur, rue du Faubourg-Poissonnière, n. 99 ; et chez Mad. Rouanet, libraire, rue Verdelet, n. 6.*

De la 28ᵉ à la 30ᵉ livr. : *Se vend chez A. Mugney, auteur et éditeur, rue du Faubourg-Poissonnière, n. 99 ; chez Prévot, libraire, rue de Vaugirard, n. 22 ; et chez les principaux libraires de Paris et des départemens.*

À la 31ᵉ livr. : *On s'abonne chez A. Mugney, Editeur, rue Notre-Dame-Bonne-Nouvelle, n. 2 ; Mad. Rouanet, libraire, rue Verdelet, n. 6 ; et Prévot, rue de Vaugirard, n. 22.*

Enfin la 32ᵉ livr. porte : *Se vend chez A. Mugney, auteur et éditeur, rue Notre-Dame-Bonne-Nouvelle, n. 2 ; chez Mad. Rouanet, libraire, rue Verdelet, n. 6 ; chez Prévot, libraire, rue de Vaugirard, n. 22 ; et chez les principaux libraires de Paris et des départemens.*

Imprimerie : à partir de la 1ʳᵉ livr. jusqu'à la 13ᵉ l'imprimerie est : *A Paris, Aug. Mie, Imprimeur, rue Joquelet 9.*

De la 14ᵉ jusqu'à la 24ᵉ livr. : *Sceaux, Imp. de Grossteile, r. de la Petite Croix.*

A partir de la 25ᵉ livr. l'imprimerie devient : *Paris Imp. de J. L. M. Balary, rue Montmartre nᵒ 55.*

Directeur : Rédacteur en Chef : *Aucun nom.*

Rédacteurs principaux : *Aucune signature.*

Nota. — Dans la plupart des numéros on a coupé le coin où se trouvait le timbre royal.

Il existe, dans la Coll. Malherbe, un exemplaire des livraisons 16 et 19 qui a été colorié par un amateur.

Bibl. nat., Imprimés, Lc² 1285, et Coll. Meunié. — Annoncé au Journal de la Librairie, Nᵒ 29 du 16 juillet 1831, Nᵒ 3349 de la façon suivante :
Mayeux formera un volume in-4ᵒ qui paraîtra tout entier dans un an en 52 livraisons d'une demi-feuille.
Prix des 52 livraisons pour Paris, 12 fr.
Les Départemens, 13 fr. 50.
Chaque livraison, 0 fr. 25.

402. — **Le Véritable Mayeux.** *Evangéliste populaire.*

Ce journal est une concurrence au Mayeux de juillet
1831 à mai 1832 (voir le précédent).

Le Rédacteur anonyme des pamphlets de Mayeux a
travaillé avec l'éditeur A. Mugney pendant les 12 premières livraisons. Une brouille survint entre eux : l'éditeur A. Mugney continua seul les pamphlets et publia,
sans aucune collaboration, les 31 ou 32 livraisons de
Mayeux. La publication cessa à partir du 24 septembre,
à la 31ᵉ livraison.

Le 12 octobre 1831, le Rédacteur anonyme des 12
premiers pamphlets du *Mayeux* fonde *Le Véritable
Mayeux* et il annonce qu'il aura pour seul éditeur :
Joseph Moussard.

Grand titre : à la 1ʳᵉ, 2ᵉ, 3ᵉ, 4ᵉ, 5ᵉ, 6ᵉ, 10ᵉ, 14ᵉ, 19ᵉ,
24ᵉ et 29ᵉ livr. le grand titre est : *Le Véritable Mayeux.*

A la 8ᵉ, 12ᵉ, 16ᵉ, 21ᵉ, 26ᵉ et 31ᵉ livr. le grand titre
devient : *Mathurin l'Epilogueur.*

Journal de la Librairie, Nº 5855 de 1831 ; et de 1832 aux
Nᵒˢ 465, 949, 1683 et 2292.

A la 9ᵉ, 13ᵉ, 18ᵉ, 23ᵉ et 28ᵉ livr. le grand titre est :
Simon le Prolétaire ou le Petit Tribun du Peuple.

Journ. de la Libr., Nº 52 du 24 déc. 1831, Nº 6011 : a pour
épigraphe cette phrase : « Les grands ne nous paraissent grands
que parce que nous sommes à genoux..... Levons-nous. » — De
l'année 1832, les Nᵒˢ 644, 1195, 1814.

A la 7ᵉ, 11ᵉ, 15ᵉ, 20ᵉ, 25ᵉ et 30ᵉ livr. le grand titre
porte : *Jérôme le Franc Parleur.*

Journ. de la Libr., Nº 844 de 1832.

Enfin à la 17ᵉ, 22ᵉ et 27ᵉ livr. le grand titre est :
François le Fataliste.

Journ. de la Libr. de 1832, Nᵒˢ 1066, 1665 et 2227.

Du 12 octobre 1831 au 4 juin 1832 (d'après Hatin : du 12 oct. 1831 au 30 mai 1832 ; mais il doit être dans l'erreur, puisque la 31ᵉ livr. porte la date du 4 juin 1832).

En tout 31 livraisons.

C'est une suite de pamphlets, avec frontispice gravé sur bois. Hebdomadaire, mais ne paraissant pas à jour fixe.

Format : in-4°. — Prix : 25 centimes.

Le sous-titre *Evangéliste populaire* n'existe pas à toutes les livraisons.

Adresse : *A Moussard, éditeur, rue Notre Dame Bonne Nouvelle N° 7.*

Directeur : Rédacteur en Chef : Imp. : *Auguste Mie, imprimeur, rue Joquelet N° 9.*

Rédacteurs principaux : Dessinateurs : *Aucune signature.*

Nota. — Dans la plupart des livraisons le titre est surmonté d'une vignette représentant Mayeux tenant un drapeau sur lequel est inscrite cette devise : *Liberté, Egalité.*

Dans quelques livraisons, la vignette représente une main tenant une plume. Dans d'autres il n'y a aucune vignette.

La 31ᵉ livraison est encadrée de noir et porte comme vignette un fleuron formé d'une tête de mort, d'un V et de deux tibias.

Bibl. nat., Lc² 1286 — et Coll. Malherbe. — Dans cette collection, il existe deux tirages de la 16ᵉ livr. : l'une a en tête un filet typographique et elle est numérotée ; — l'autre est sans le filet typographique et sans le numéro (Voir la Bibliographie de la Presse périodique de Eug. Hatin, p. 379).

403. — **Mayeux**, *Journal Politique, Critique et Littéraire. 1ʳᵉ Année 1848.*

N° 1 17-19 juin.

Ce journal n'a eu que six numéros.

Sous-titre : *Attention... Mayeux va parler !*

Fraternité. Séverité. — Impartialité.

Vive la République ! Vive Mayeux !

Le N° 1 porte : 17-19 juin.

  — 2 — 20-22 —

  — 3 — 22-23 —

  — 4 — 4 et 5 juillet.

  — 5 — 6 et 7 —

  — 6 — 8-10 —

Pamphlets en livraisons, illustrés d'un frontispice représentant Mayeux tenant son journal d'une main et levant le bras droit.

Aucune indication de nom pour les rédacteurs ni pour les dessinateurs.

Le Gérant P. Dufour.

Imp. de Lacour, rue Saint-Hyacinthe S' Michel 33.

Adresse : *Bureau : 55, rue d'Aaboukir, ci-devant Bourbon Villeneuve.*

Format in-4°. — D'après l'indication au sous-titre *Mayeux* paraît le mardi, le jeudi et le samedi de chaque semaine. Prix de l'abonnement :

Un an : Paris 9 fr. — Banlieu 12 fr. — Départ. 16 fr.

6 mois — 5   — 7   — 9

(Voir dans la Bibliographie de la Presse périodique de E. Hatin, p. 476, 2ᵉ col.) — Coll. Meunié.

SIXIÈME PARTIE
MAYEUX
EN OBJETS DE CURIOSITÉS

Bien que nous n'ayons pas la prétention d'énumérer

ici tous les objets d'art ou les objets de curiosité qui ont pu être inspirés par Mayeux, nous croyons bon d'attirer sur eux l'attention des Collectionneurs, en en citant quelques-uns des plus typiques. Ils montreront du moins combien le type de Mayeux fut populaire et à quelle diversité de représentations il a donné lieu.

404. — Onze assiettes en porcelaine à filet doré, ayant dans leur creux des scènes de Mayeux, en couleur, avec ces légendes :

1. — *T. de D... voilà des gens de ma connaissance il (sic) vont me trouvez (sic) dans une f. position.*

2. — *Dis donc farceuse !..... tu d'meures bien haut....*

3. — *Et moi aussi je suis Artiste après vous le journal.*

4. — *Pauline pressez ma saucisse ! .. .. ..*

5. — *T. de D. Je conçois maintenant l'histoire du beau Narcisse.*

6. — *T. de D... les plus mal fait (sic) ne sont pas les plus hideux à voir.*

7. — *pas possible je suis de service non (sic) de D... je ne dis pas en revenant.*

8. — *Foi de Mayeux jadore (sic) les grosses.*

9. — *Que qu'ça me fait ma bonne nous sommes seuls.*

10. — *Faite (sic) moi donc ressemblant car ces farceurs me font toujours en caricature T... de D.*

11. — *Passe-moi vite l'omelette.*

La 12ᵉ assiette manquait dans le lot. — En vente chez un marchand de curiosités.

405. — Un gros pot à tabac, en terre cuite, ayant 0ᵐ,34 de hauteur et en deux parties : la tête avec le cou formant le couvercle et tout le reste du corps le récipient à tabac. C'est un Mayeux en bon gros bourgeois,

debout et souriant malicieusement, avec des ailes partant de ses épaules et tombant jusqu'à ses talons qui sont cachés par le corps emplumé d'un pigeon.

Il a la main gauche dans sa poche et la droite (qui malheureusement manque) devait tenir un cigare ou une cigarette, puisque du coin de sa bouche sort de la fumée.

De la poche droite de son pantalon à pont, pend une chaîne avec une grosse médaille sur laquelle se trouvent gravés en creux :

Mayeux
dit
l'amour

Sans aucune marque ni aucune signature. — Coll. Meunié.

406. — Un pichet en vieille faïence de Strasbourg d'environ o^m,25 de haut, ayant sur sa face un Mayeux. en couleur, montant sa garde.

(Sans signature.)

Vu chez un marchand de curiosités.

407. — Sur le couvercle d'une bonbonnière en corne se trouve une petite décalcomanie représentant Mayeux dans un restaurant, et au-dessous cette légende :

Du Serpent à la tartare ! Des côtelettes de Tigre tonnerre de D... !

Coll. Malherbe.

408. — Un petit bronze, ayant fait sans doute partie d'un groupe, représentant Mayeux pérorant à une tribune.

Coll. Malherbe.

409. — Un petit ornement en bronze, de o^m,065 de

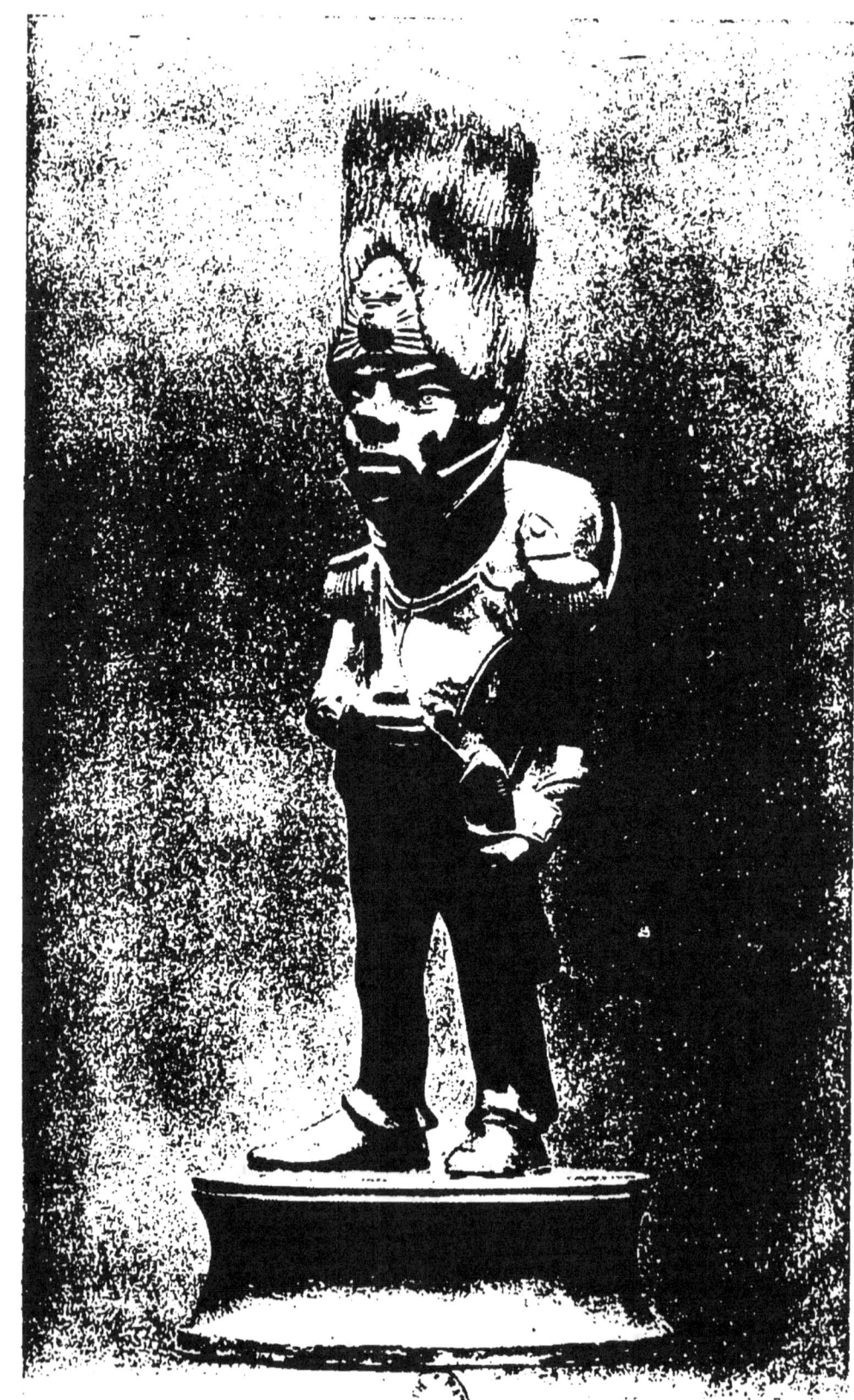

N° 410.

longueur et plat, représentant Mayeux en garde national, montant la garde l'arme au bras.

Coll. Meunié.

410. — Un joli petit bronze, de 0^m.17 de hauteur,
reproduisant Mayeux en grenadier de la garde nationale,
dont le bonnet à poil sert de chandelier et sa bosse de
porte-allumettes.

Coll. Louis Loviot.

Ce bronze a été reproduit en photogravure dans la publica-
tion : *1830. Mémoires de la Duch^{se} d'Abrantès*, par M. L. Loviot,
p. 132, avec cette légende: *Mayeux, Garde National*, bossu tri-
vial et patriote, est un curieux fantoche populaire, auquel les
caricaturistes attribuèrent quantités de boutades frondeuses au
lendemain de Juillet.

SEPTIÈME PARTIE

OUVRAGES POSTÉRIEURS DANS LESQUELS IL EST PARLÉ DE MAYEUX

411. — **Les Cancans**, ou *Le Passe-Temps du Jour*,
par BÉRARD, 1831-1834, in-8°, *Bérard, éditeur, rue de
Sèvres, N° 94*. — [1re livraison, *Les Cancans politiques*, p. 1 ; — *Encore des Cancans*, p. 3 ; — *Cancans
sur Cancans*, p. 3.]

412. — **Les Cancans Diplomatiques** ou *Le Passe
Temps du Jour. Paris chez Maldan, Libraire-Éditeur,
Passage Brady, N. 75 entrée par les faubourgs S^t-De-*

nis et Saint-Martin. — Plaq. in-8°, 1831, juillet. —
(*Une citation de Mayeux*, p. 8.)

Renseignement communiqué par M. Louis Loviot.

413. — **L'Epoque sans nom,** *Esquisses de Paris*, par
A. BAZIN. 1830-1833, 2 vol. in-8°, *Paris, Al. Mesnier,*
1833. — [1ᵉʳ vol., chap. IV. *Mayeux*, p. 70-90.]

414. — **Hippolyte Castille.** LES HOMMES ET LES MŒURS
EN FRANCE sous le règne de Louis-Philippe. — *Paris,
Henneton et Cⁱᵉ*, 1853, in-8° — [pp. 308-310].

*Voici un passage qu'il est intéressant de faire con-
naître :*

.... En 1830, Cadet-Roussel n'existait plus depuis
longtemps, et Robert-Macaire, cette création spéciale
du règne, née du crime en habit noir et du charlata-
nisme sous toutes ses formes, n'existait pas encore.
Mayeux seul triomphait. On a trop oublié ce petit bourgeois bossu, patriote, cynique, bravache, ami des plai-
sirs et de la garde nationale. Mayeux est un type moins
français que Cadet-Roussel, mais combien il est plus
expressif et plus spécial ! Mayeux participe de la restau-
ration et de la monarchie de Juillet. C'est un fils dif-
forme des Royer-Collard et des Camille Jordan, un
libéral. Mayeux, le premier, a protesté contre les ordonnances et crié « Vive la charte ! ». Il connaît l'ar-
ticle 14 et le nom des 221. Il a mangé du jésuite comme
M. de Voltaire ; il a pris part, vêtu en garde national,
à la révolution de juillet : il a surtout fait beaucoup de
tapage : sa voix, en fausset, a, la première, entonné *la
Marseillaise*. Il accompagnait les députés qui allèrent
supplier le roi de retirer les ordonnances. Jamais il n'a
dit autrement que Laffite tout court et c'est lui qui a
inventé les cheveux blancs de Lafayette. On l'a vu à

Neuilly, chez le duc d'Orléans, avec les républicains du *National,* qui allaient chercher la meilleure des républiques. Bref, Mayeux a été un héros ; mais comme il est, avant tout, de l'opposition, Mayeux escarmouchera entre MM. Thiers et Odillon Barrot. En 1848, l'âme de Mayeux était passée dans le crâne des bourgeois qui suscitèrent les banquets réformistes. Il poussa dans la révolution les grenadiers de la garde nationale et enflamma les charcutiers-sapeurs dont les ventres énormes servirent de gabions à l'émeute.

Ce petit-fils des boutiquiers de la Fronde reparaît sous des noms et des costumes divers dans toutes les agitations de la France. Mayeux est donc un type essentiellement politique. Robert-Macaire est, au contraire, un type social ; la politique ne saurait être qu'un des mille accidents de sa vie universelle ; il est marqué au coin de l'ère industrielle et appartient au xix° siècle, comme Tartuffe au xvii° et Figaro au xviii°. Que ces physionomies, dans lesquelles se reflète un peuple entier (comme si la société voulait et pouvait se juger elle-même), que ces résumés de la critique soient non seulement des types sociaux ou bien encore des types humains, c'est-à-dire que l'on retrouve dans tous les temps et tous les pays des traits de leur physionomie, cela est incontestable.

Communiqué par M. Louis Loviot.

415. — **Le Parnasse satyrique du XIX° siècle.** *Rome, à l'enseigne des sept péchés capitaux,* 2 vol. in-16, s. d. [1864]. — (T. 1, p. 67.)

Renseignement communiqué par M. Louis Loviot.

416. — **Nouveau Parnasse satyrique.** *Eleutheropo-*

lis, 1866, in-16. — (*Appendice au Parnasse satyrique*, p. 233.)

Renseignement communiqué par M. Louis Loviot.

417. — **Œuvres complètes de Ch. Baudelaire.** *Paris, M. Lévy frères*, 1868, in-18. — (T. II, chap. vii : *Quelques Caricaturistes Français*, p. 416.)

418. — **Histoire de la Caricature Moderne** par CHAMP-FLEURY. *Paris, Dentu, s. d.*, in-18 — (pp. 193-211 : *Mayeux-Traviés*). — 4 pet. litho. intercalées dans le texte, sans lég. : pp. 196-198-200-205 ; — 1 litho. hors texte, Proc. Comte : *Projet de Statue à élever à Monsieur Mayeux*, p. 207.

419. — **Ludovic Celler.** — *Etudes dramatiques.* — LES TYPES POPULAIRES AU THÉÂTRE. *Paris, Liepmannssohn et Dufour*, 1870, in-12. — [*Mayeux et la caricature.* — *Son origine.* — *Célébrité des bossus.* — *Mayeux Politique.* — *Le fossé des Tuileries.* — *Mayeux garde national.* — *M. Mayeux ou la bosse à la mode....* pp. 181-187.]

Renseignement communiqué par M. Louis Loviot.

420. — **Les Graveurs du XIXe siècle**, *Guide de l'Amateur d'Estampes Modernes* par H. BÉRALDI. *Paris, L. Conquet*, 1892, in-8°. — (T. XIIe, pp. 145 149 : *Les Mayeux.*)

421. — **L'Art du Rire et de la Caricature** par ARSÈNE ALEXANDRE. *Paris, Anc. Maison Quantin, s. d.*, in-4° (Chap. XXIV, p. 176 : *Pigal et Traviès-Trimolet*). — p. 178 : 1 pl. hors texte, color. : *T... de D... comme je lui ressemble !* — p. 180, un cul-de-lampe : pet. tête de Mayeux.

422. — **Les Maîtres de la Caricature Française au XIXᵉ siècle.** Edition du Figaro avec une Notice par ARMAND DAYOT. *Paris, s. d., in-4°.* — (Pl. 26 : *T... de D... Comme je lui ressemble !* — Pl. 27 : *Foi de Mayeux, j'adore les grosses !*)

423. — **Lou Siéjé de Cadaroussa,** par M. FAVRE. *Avignon, Offroy ainé, s. d., in-32,* 64 pages.

Sur la couverture, gravure sur bois, représentant Mayeux portant son fusil (c'est la même grav. que celle qui est sur la couverture de l'ouvrage du 390, *Exploits et Aventures de Mahieux. Delarue, Paris,* 1832).

Communiqué par M. P. Flobert.

424. — **Victor Hugo.** LES CHANSONS DES RUES ET DES BOIS. *Paris, Hetzel, s. d., in-18.* — (Liv. 1ᵉʳ, VI : *L'Eternel petit roman.* — XIX : *Réponse à l'esprit des Bois,* p. 185.)

425. — **Jules Claretie.** LA MANSARDE. *Paris, E. Flammarion, s. d., in-18.* — (P. 141 à 158 : *Monsieur Mayeux.*)

426. — **L'Intermédiaire des Chercheurs et Curieux,** G. MONTORGUEIL, Directeur-Gérant. *Paris, XVIᵉ vol.,* 1883, *in-8°.* — (Col. 108 : *Question,* sign. Valdescygnes ; — *Réponses* : Col. 185-397 : *La Maison forte* : — Col. 533 : *de Sus* — L. M. F. — et F. B.)

Renseignement donné par M. Louis Loviot.

427. — **Les Mœurs et la Caricature en France,** par J. GRAND-CARTERET. *Paris, Librairie Illustrée,* 1888, *in-4°.* [Pp. 134-135-197-233-554, reproductions de 5 caricatures sur Mayeux. — p. 673, *Traviès,* par

B. Roubaud : il tient dans sa main une statuette représentant Mayeux.]

428. — **La Caricature et L'Humour Français au
XIXe siècle**, par R. DEBERDT. [Extrait de la *Revue Encyclopédique Larousse*, 8e an., N° 226, du 1er janvier
1898, in-4°, p. 22, litho. de Benjamin, extraite du
Panthéon Charivarique. — p. 23, trois reproductions
de Mayeux.]

429. — **Nouveau Larousse Illustré.** Dictionnaire
Universel Encyclopédique, *Paris*, in-4° : [T. V, p. 1009,
Mayeux.]

430. — **Notice sur l'Imagerie d'Epinal**, par M. F.
MATHIAS. *Epinal, Pellerin et Cie*, 1904, in-8°. — [Pp.
14-15-16 et 17, reproductions de caricatures de
Mayeux.]

431. — **Catalogue raisonné de l'Œuvre lithographié
de H. Daumier**, par HAZARD ET LOYS DELTEIL, *Paris*,
1904, in-4°. — [Sous le N° 195 : *Mayeux chez les filles
de joie*.]

Communiqué par M. de Couder.

432. — **Histoire de l'Imagerie Populaire Flamande**
et de ses rapports avec les Imageries étrangères, par
E.-H. VAN HEURCK ET BOEKENOOGEN, *Bruxelles*, G. Van
Oest & Cie, 1910, gr. in-8°. — [p. 201, *Mayeux*, bois
originaux.]

Communiqué par M. P. Flobert.

TABLE ALPHABÉTIQUE

TABLE DES MATIÈRES

CHARTRES. — IMPRIMERIE DURAND, RUE FULBERT.

www.ingramcontent.com/pod-product-compliance
Lightning Source LLC
Chambersburg PA
CBHW070955240526

45469CB00016B/888